미디어 리터러시, 교육과 만나다

미디어 리터러시, 교육과 만나다

초판 1쇄 인쇄 2022년 8월 30일
초판 1쇄 발행 2022년 9월 16일

지은이 박점희 · 은효경
펴낸이 이범상
펴낸곳 (주)비전비앤피 · 애플북스

기획 편집 이경원 차재호 김승희 김연희 고연경 박성아 최유진 김태은 박승연
디자인 최원영 한우리
마케팅 이성호 이병준
전자책 김성화 김희정
관리 이다정

주소 우)04034 서울시 마포구 잔다리로7길 12(서교동)
전화 02)338-2411 | **팩스** 02)338-2413
홈페이지 www.visionbp.co.kr
인스타그램 www.instagram.com/visionbnp
포스트 post.naver.com/visioncorea
이메일 visioncorea@naver.com
원고투고 editor@visionbp.co.kr

등록번호 제313-2007-000012호

ISBN 979-11-90147-52-1 14370

도서에 대한 소식과 콘텐츠를
받아보고 싶으신가요?

창의력과 비판적 사고력을 길러주는 '미디어 + 교육'의 힘

미디어 리터러시, 교육과 만나다

박점희 · 은효경 지음

애플북스

서문

　스마트폰의 알람에 눈을 뜬 '나신나'는 시리가 선곡해준 음악을 들으며 아침을 준비하고, 간단하게 차린 아침 식탁을 카메라로 찍고, 친구들이 보는 SNS에 사진을 공유합니다.

　오늘날 미디어는 우리의 삶 깊숙이 들어와 떼려야 뗄 수 없는 것이 되었습니다. 그래서 미디어를 이용하고 생산하는 과정에서 필요한 능력으로 미디어를 비판적으로 사고하는, 즉 미디어 리터러시가 요구되고 있습니다. 하지만 무엇을 어떻게 가르쳐야 아이들이 미디어를 쉽고 재미있으면서도 제대로 익힐 수 있는가에 대한 이야기는 많지 않습니다.

　미디어는 우리가 사는 세계를 비추는 거울과 같습니다. 하지만 거울은 그 모양과 각도, 볼록이나 오목과 같은 휘어짐에 따라 사물을 왜곡된 모습으로 비추기도 합니다. 미디어도 마찬가지입니다. 그래서 '미디어가 세상을 비추는 방식'과 그 안에 담긴 '메시지의 의미'를 제대로 읽어야 합니다.

　특히 '1인 미디어 시대'를 맞아 전문가들뿐 아니라 누구나 넘쳐나는 정보를 바탕으로 관심 있는 주제에 대해 다양한 방식으로 새로운 메시지를 창작하거나 생산할 수 있는 시대에 더욱 필요한 능력이 미디어 리터러시입니다.

　먼저 나의 생활이 미디어와 어떤 관계를 맺고 영향을 받는지에 대해 탐구하고 성찰할 필요가 있습니다. 우리가 미디어를 소비하는 데 있어, 미디어가 보여주고 이야기하는 대로 받아들이거나 그것에 휘둘리지 않고 나의 생활을 잘 가꿔가는 것이 필요합니다. 그런 의미에서 우리가 사는 세계에서 미디어를 만나고, 미디어로 소통하며, 창의적인 생산을 경험하고, 제대로 리터러시하는 방법을 익히고자 합니다.

이러한 시대에 우리 아이들은 미디어를 통해 자기의 생각이나 감정을 전달합니다. 그 가운데 유튜브, 게임, 웹툰 등과 같이 디지털 미디어에 대한 선호도가 높고, 이는 희망 직업에도 영향을 끼칩니다. 미디어는 우리 아이들의 생활 깊숙이 들어와 친숙하게 자리 잡았습니다. 하지만 미디어가 늘 객관적이고 올바른 것만 이야기하는 것은 아닙니다. 따라서 보여주고 싶은 것만 보여주는 편향적인 미디어의 특성을 바탕으로 운영되는 알고리즘 등의 유혹에 끌려 다니지 않고 미디어를 주체적으로 사용할 수 있는 능력을 키워야 합니다. 이것이 미디어 리터러시를 교육해야 하는 이유입니다.

그렇다면 미디어 리터러시를 가르치는 지도자는 미디어를 어디까지 경험해 보아야 할까요? 모든 미디어를 경험할 필요는 없지만 적어도 자신이 가르치고자 하는 미디어에 관해서는 생산자까지 경험해 보아야 합니다. 그래야 왜 편리하고 중요하며, 무엇을 주의해야 하는지를 제대로 지도할 수 있습니다. 예를 들어 유튜브를 가르치는 지도자는 유튜브의 수용자는 물론 생산자까지 경험해 보아야 합니다. 물론 유튜브를 운영한 경험이 없는 지도자도 '유튜브 이용의 장점과 단점, 유튜브 생산 방법, 유튜브가 미치는 영향' 등을 가르칠 수는 있습니다. 그러나 이미 미디어를 생산하고 있는 학습자에게 단편적인 지도는 공허하게 들릴 수밖에 없습니다. 특히 생산자인 학습자의 구체적인 질문에 제대로 피드백할 수 없습니다. 하지만 직접 운영해 본 지도자는 유튜브를 생산하기 위한 기획 단계부터 생산 과정에서 일어나는 부수적인 여러 경험을 토대로 미디어 리터러시를 지도하게 됩니다.

이 책은 두 강사의 미디어 생산활동을 바탕으로 리터러시 교육의 기본이 되는 활동들을 담으려고 노력했습니다. 다양한 미디어 가운데 몇 가지를 선택해야 하는 지면의 제약, 더 자세하고 구체적인 내용을 담을 수 없는 한계가 아쉽기는 했지만, 최대한 많이 보여드리고자 노력하였습니다.

함께 시작하였으나 여러 가지 상황으로 인해 공저자로 이름 올리지 못했음에도, 끝까지 도움을 주신 (주)한국미디어리터러시교육협회의 신소영, 김미성 강사님께도 감사드립니다.

박점희

차례

미디어 리터러시란 '미디어(media)'와 '리터러시(literacy)'의 합성어로 우리나라에서는 문해력 또는 문식력으로 풀이하며, 미디어를 읽고 쓰는 것을 말한다. 그렇다면 미디어를 리터러시한다는 것은 무엇일까? 그것을 제대로 이해하기 위해서는 미디어와 리터러시를 각각 알아봐야 한다.

미디어는 소통의 도구다

미디어란 무엇일까? 우리는 미디어가 무엇인지 잘 모른 채 일상생활에서 수많은 미디어를 사용하고 있다. 그동안 미디어는 기술의 발달과 함께 나날이 발전하여, 우리 삶에 깊숙이 들어와 새로운 세상을 만들어가고 있다.

첫 수업에서 만나는 아이들에게 미디어가 무엇인지 아느냐고 물어보면, 대체로 '들어는 봤다'는 대답이 나온다. 그도 그럴 것이 '미디어'라는 과목이 없고 국어에서도 미디어를 제대로 익히지 않은 채 만화나 광고 등 다양한 미디어로 표현하는 과제를 요구받기 때문이다.

지도자 미디어란 둘 이상의 사이에서 생각이나 감정 또는 정보를 전송하는 도구나 수단을 말합니다. 이러한 도구나 수단으로 무엇이 있을까요?

학생 전화요. 스마트폰이요.

지도자 그 외에는 또 어떤 것이 있을까요?

학생 ……

지도자 (앞의 친구에게 말을 건넴) 우리 친구의 이름은 무엇인가요?

학생 홍길동이요.

지도자 (오늘 비가 왔다면) 오늘 가져온 우산 색깔은 무엇인가요?

학생 파란색요.

지도자 파란색 우산이 맘에 드나요?

학생 아뇨. 그냥 써요.

지도자 이렇게 비 오는 날 좋아해요?

학생 아뇨. 이런 날씨는 싫어요.

지도자 (반 전체를 향해) 선생님은 지금 앞의 친구와 소통했습니다. 이름이 홍길동이라는 정보와 우산 색깔이 파란색이라는 정보도 얻었습니다. 그리고 그 파란색에 관한 생각과 비 오는 날에 대한 감정도 들었습니다. 선생님이 이렇게 홍길동 친구의 생각과 감정과 정보를 얻는 데 어떤 도구가 사용되었을까요?

학생 말이요.

지도자 맞습니다. 그리고 또 사용된 것이 있어요. 뭘까요?

학생 몸짓이요. 표정이요.

지도자 맞습니다. 선생님은 지금 여러분에게 미디어에 대한 정보를 제공하기 위해 글과 그림 그리고 사진 등을 이용하여 파워포인트를 제작하였고, 컴퓨터와 텔레비전을 통해 정보를 제공하고 있습니다. 그리고 여러분이 내용을 좀 더 쉽게 이해하도록 말과 몸짓과 표정을 이용하여 소통하고 있습니다. 이렇게 생각이나 감정 또는 정보를 제공하기 위해 중간에서 사용되는 모든 것들을 미디어라고 합니다.

수업에서 만나는 아이들은 대체로 미디어는 사용하지만 미디어의 개념은 모른다. 그래서 미디어 리터러시 수업 첫 시간은 대체로 미디어의 개념을 소개하는 데 공을 들인다. 아이들에게 '둘 이상의 사이에서 생각이나 감정 또는 정보를 전송하는 도구나 수단'이라고 설명하면 대체로 알겠다는 반응을 보인다. 하지만 그러한 것으로 무엇이 있는지 물어보면 대답하지 못한다. 즉, 개념을 설명한 문장은 이해하지만, 문장이 담고 있는 내용은 파악하지 못하며, 생활 속에서 어떤 것이 그에 해당하는지 연결 짓지 못하는 것이다. 미디어의 개념을 이해하는 것부터 힘든데, 그동안 진행된 대부분의 교육은 이해했을 것이라 여기고 2차시로 넘어간다. 그러므로 많은 공을 들여 미디어를 이해시킬 필요가 있다. '미디어'는 '중간'을 뜻하는 'mid'의 어원인 라틴어 'medius(중간에 있는 것)'에서 유래한다. 미디어는 사람과 사람, 사람과 사물, 사물과 사물, 개인과 개인, 개인과 집단, 집단과 집단 사이에서 매개하거나 중개하는 것을 의미한다.

미디어 이론가이자 문화 비평가인 마샬 맥루한(Herbert Marshall Mcluhan)은 미디어를 "인간이 인위적으로 만들어낸 모든 것"으로 광범위하게 정의했다. 미디어의 종류를 이야기할 때 텔레비전이나 라디오, 신문 정도밖에 떠올리지 못하는데, 세상의 모든 것을 미디어로 정의한 것이다. 자동차, 도로, 집, 옷 등 모든 인공물과 기술, 그리고 의술과 철학 체계, 과학 법칙 등 무형의 정신까지 포함하는 개념이다.

맥루한은 미디어가 인간에 미치는 영향에 대해서도 연구했다. 예를 들어 미디어로서 철도는 단순히 빠른 시간 내에 화물을 옮기는 것만이 아니라, 여가와 노동, 새로운 도시를 만들어낸다는 점에서, 기차가 실어 나르는 내용물보다 철도가 만들어지고 기차가 달리는 것 자체가 사회를 변화시키는 힘이라고 보았다. 과학기술이 발전할수록 미디어도 발달하고, 그 영향으로 인간의 생활도 변화한다고 보았다. 이를 이해하기 위해 100년 전 일본으로 가보자. 당시 서구 문물을 열심히 받아들이던 일본이 중요하게 생각한 것은 독서였다. 결론부터 이야기하자면 지금과 같이 책을 즐겨 읽는 일본의 독서 인구가 늘어난 것은 철도 때문이었다. 1887년 철도가 일본 전국에 놓이기 시작하면서 출판 유통망이 생겨났고, 도쿄나 오사카의 출판물이나 신문, 잡지, 도서 등이 전국으로 확산되었다. 철도로 인해 인쇄 미디어가 발달한 사례이다.

마샬 맥루한은 미디어의 발전을 인간의 확장으로 보기도 했다. 미디어의 발전이 신체의 기능을 확장하고 우리의 감각을 넓혔다는 것이다. 예를 들어 책은 눈의 기능을 확장한 것이고, 옷과 집은 피부의 기능을 확장한 것이다. 그래서 책을 시각 미디어, 라디오를 청각 미디어, 텔레비전을 시청각 미디어, 후각을 제외한 모든 것이 들어 있는 컴퓨터는 토털 미디어라고 부른다. 이렇게 우리 몸을 확장한 미디어가 다시 우리 몸에 영향을 미친다는 것이다. 마샬 맥루한이 정의한 것을 광의의 미디어라고 한다.

이와 반대로 협의의 미디어는 정보나 감정 등을 관계 속에서 전달하는 것을 말한다. 협의의 미디어는 다음과 같은 특징이 있다. 첫째, 관계 사이의 미디어로 기술적 장치도 포함된다. 사람과 사람 사이의 컴퓨터, 작가와 독자 사이의 책, 사람과 사람 사이의 대화를 미디어로 본다. 둘째, 미디어는 전달하고자 하는 메시지를 생성한다. 신문은 새로운 소식을 전하고, 책은 작가의 이야기를 전하며, 노래는 작사가와 작곡가의 느낌을 전한다. 셋째, 이러한 미디어를 통해 특정한 계층을 형성한다. 대중을 만드는 매스미디어, 구독 관계를 이루는 트위터, 친구 관계를 연결하는 미디어 등이 있다.

이러한 미디어는 광의와 협의의 정의부터 다양하게 해석하기도 하지만, 끊임없이 새로 생겨나고, 업데이트되며, 일방향에서 쌍방향으로, 일차원에서 다차원으로 진화하고 있다. 시간이 지나고 기술이 발달하면서 라디오가 발명되었고, 텔레비전이 보급

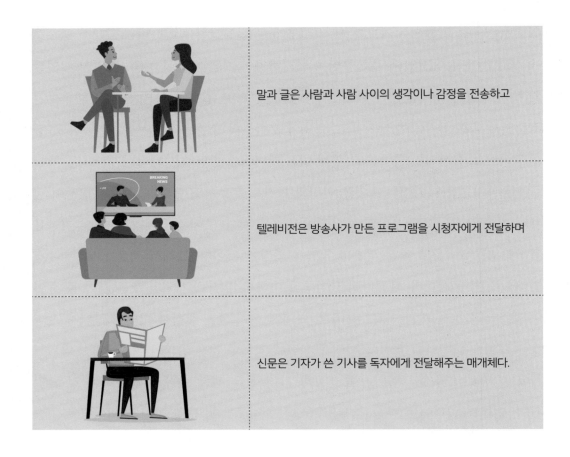

말과 글은 사람과 사람 사이의 생각이나 감정을 전송하고

텔레비전은 방송사가 만든 프로그램을 시청자에게 전달하며

신문은 기자가 쓴 기사를 독자에게 전달해주는 매개체다.

되기 시작하면서 대중 미디어, 즉 매스미디어의 시대가 열렸다.

교실에는 문자 정보를 전달하기 위한 칠판, 아이들의 생각과 느낌을 담은 그림이 붙은 게시판, 그리고 이달의 급식 정보를 기록한 가정통신문 등이 있다. 이렇게 교실 안팎 또는 가정 안팎에서 미디어를 찾아보는 활동이 필요하다.

리터러시는 문해력이다

리터러시에 대한 정의는 학자마다 다르며, 시대마다 바뀐다. 국어에서는 리터러시를 '문해력'으로 해석하고, 미디어와 관련된 학습에서는 '읽고 보고 듣고, 이해하고,

비판적으로 분석하고, 생산하고, 공유하는 모든 과정'을 리터러시라고 말한다.

르네 홉스(Renee Hobbs)에 따르면, 고대 그리스에서는 뛰어난 언변을 이용하여 연설을 통해 사람들의 마음을 움직였던 리터레이트맨을 리터러시로 지칭했고, 중세에는 성서를 읽는 능력을 리터러시로 지칭하기도 했다. 인쇄기의 등장은 더 많은 사람에게 읽고 쓸 수 있는 기회를 제공했으며, 이는 종교개혁으로 사회를 변화시키는 계기가 되기도 하였다. 20세기에는 자기표현과 소통의 도구로 사진이 보편화되면서 리터러시의 개념도 확장되었다. 현대는 언어뿐만 아니라 이미지, 소리 등의 상호작용을 통해 생각을 공유하고 소통하는 시대이다. 결과적으로 과거로부터 새로운 기술의 발달과 사회의 변화에 따라 다양한 형태의 정보를 읽는 리터러시 능력이 요구되고 있으며, 이는 복합적으로 정보를 수집하고, 정리하고, 분석하며, 창의적으로 사용하는 모든 학문과 영역에서 필요하다.

이러한 문해력을 이야기하는 이유는 사회에서 다양한 리터러시 능력을 요구하고 있기 때문이다. EBS의 6부작 프로젝트 〈당신의 문해력〉은 학교 현장의 문해력을 보여준다. 실제 중학교 3학년을 대상으로 하는 문해력 평가에서 중학교 3학년의 적정한 수준에 도달하지 못한 학생이 27%였으며, 11%는 초등학교 수준으로 나타났다. 심지어 모르는 단어가 나올 때마다 손을 들게 하자 한 페이지에 무려 14번의 손을 들어 수업이 진행되지 않는 현상도 발생했다.

문해력은 이처럼 단어를 모르는 단순한 현상만을 이야기하는 것이 아니다. 미디어가 쏟아내는 다양한 이야기들 가운데는, 특정한 주제에 대해 왜곡이나 선입견을 바탕으로 서술하기도 하고, 폭력적이거나 성차별적 요소를 바탕으로 구성된 것들도 있다. 실제 중학교 1학년을 대상으로 진행한 스톱모션 영상 제작 수업에서, 4그룹 중 3그룹이 학교폭력과 왕따를 주제로 선택하였다. 이에 대해 학생들은 경험한 적도 없고 그러한 것을 옆에서 지켜본 적도 없지만, 드라마나 영화 또는 뉴스를 통해 보고 들은 게 많아서 제작하는 데 어려움이 없다고 말했다. 이러한 현상은 청소년들이 성장하는 과정에서 선입견이나 잘못된 시각을 심어줄 우려가 있다. 이러한 문제로 학생들을 대상으로 하는 미디어 리터러시 교육이 요구되는 것이다.

여기에서는 리터러시를 ①문자를 읽고 쓰고 이해하는 문해력, ②내용을 이해하는 것은 물론 비판적이고 균형 잡힌 시각으로 볼 수 있는 소양, ③미디어의 생산, ④미디어를 책임 있게 이용하는 능력으로 정의하고자 한다.

미디어의 발달

우리가 살아가는 현대를 최첨단 정보화 기술과 다양한 미디어가 폭발적으로 등장하는 '지식정보화 시대'라고 한다. 우리는 책이나 신문과 같은 인쇄 미디어뿐 아니라 텔레비전, 인터넷, 휴대전화와 같이 다양한 미디어를 기반으로 지식과 정보를 습득하고 있다. 더불어 컴퓨터와 스마트폰의 발달로 미디어를 더욱 가까이 접할 수 있으며, 포털사이트나 SNS 등 다양한 경로를 통해 미디어를 소비하게 되었다.

미디어는 ① 시대의 변화에 따라 문자 미디어(파피루스) → 인쇄 미디어(책, 신문) → 방송 미디어(텔레비전, 라디오) → 쌍방향 미디어(줌ZOOM) → 소셜 미디어(SNS)로 발달하였다. 또한 ② 시간의 경과에 따라 올드 미디어 → 뉴미디어, ③ 디지털의 이용에 따라 전통 미디어 → 디지털 미디어 등으로 다양하게 분류된다.

이렇게 미디어는 시대의 변화와 과학의 발달과 함께 다양하고 빠르게 진화하고 있다.

문자 미디어 시대	인쇄 미디어 시대	방송 미디어 시대	양방향 미디어 시대	소셜 미디어 시대
돌, 파피루스 등	금속활자, 인쇄 등	텔레비전, 라디오 등	컴퓨터 등	웹, 앱 등 플랫폼 시대

미디어는 메시지다

마셜 맥루한은 "미디어는 메시지다"라고도 정의했다. 이는 2가지로 해석할 수 있는데, 첫째는 정보(콘텐츠)에 관한 것이고, 둘째는 형식(미디어)에 관한 것이다.

우리가 어렸을 때 읽었던 〈여우와 두루미〉 이야기에 비유하면, 어떤 음식을 어떤 모양의 그릇에 내놓는가에 관한 것이다. 손님을 대접한다고 했을 때, 생선 요리와 수프 요리 가운데 어떤 음식을 선택하고, 그것을 접시에 담을 것인가 아니면 호리병에 담을 것인가에 따라 음식을 만드는 사람의 의도나 먹게 될 손님의 반응이 달라진다. 물론 의도나 반응에 대한 것으로 확장하면 더 많은 것을 살펴볼 수 있지만 지금은 여기까지 이야기하고자 한다.

메시지에 대해 조금 더 자세히 살펴보자. 첫째, 정보(콘텐츠)는 미디어라는 그릇에 담긴 내용물 전반을 의미한다. 콘텐츠라는 단어가 보편적으로 사용된 시기는 1990년대 '멀티미디어 콘텐츠'라는 용어를 쓰면서부터다. 콘텐츠는 본래 문서나 연설 등의 목차나 요지를 뜻했으나, 현재는 문자, 사진이나 움직이는 영상, 다양한 부호 등이 담고 있는 정보를 말한다. 작가가 책을 통해, 작사가가 노

래를 통해, 기자가 뉴스를 통해 전하고 싶은 내용이 정보, 즉 콘텐츠이다. 이러한 정보를 읽는 능력은 앞에서도 언급한 바와 같이 문해력을 바탕으로 하고 있다. 신문에 아래와 같은 사진이 한 장 실렸다고 가정해 보자. 이 사진을 보고 많은 것을 생각해 볼 수 있다.

- 이 사진이 신문에 실린 이유는 무엇일까?

- 사진 속에 나타난 것을 토대로 추측해 보면?

- 한겨울의 폭설? 제설 작업?

- 기자가 사진을 통해 전하고 싶은 메시지는 무엇일까?

이렇게 메시지를 읽을 때, 지식을 토대로 할 수도 있고 경험을 토대로 할 수도 있다. 2022년 4월 30일의 강원도 폭설 뉴스를 보았다면 다음과 같이 읽을 수도 있을 것이다.

- 4월의 때늦은 폭설?

  둘째, 형식에 대해 살펴보자. 마샬 맥루한은 미디어의 형식, 즉 어떤 미디어로 표현하였는가에 따라 메시지뿐 아니라 그것을 인식하고 해석하는 방식도 달라진다고 했다. 그래서 미디어 자체가 곧 메시지라고 표현하였다. 같은 뉴스라도 사람의 목소리로 말할 때, 신문으로 인쇄될 때, 텔레비전 방송으로 나올 때, 스마트폰에 최적화된 카드 뉴스 이미지로 만들어질 때 받아들이는 무게와 이해하는 정도가 달라진다는 것이다. 그렇기에 미디어를 수용하는 사람들은 왜 그러한 미디어 형식을 선택했는지도 생각해 보아야 한다.

  라디오는 시대를 막론하고 정치인들에 의해 전 국민의 생각을 하나로 모으는 데 사용되었다. 아돌프 히틀러는 라디오가 대중 선동의 강력한 무기가 될 수 있다는 점을 이용하여, 독일제국방송국을 통해 각종 프로그램 검열, 민족주의 성향의 프로그램 송출, 나치스의 전당대회 방송 등으로 정치를 펼쳤다. 이러한 정치를 극대화하기 위해 독일의 채널 2개만 잡히는 대중적인 폭스엠팽어(Volksempfänger, 국민 라디오)를 제작하여 싼 가격에 공급하기도 하였으며, 히틀러의 강인한 목소리를 라디오 전파로 흘려보내며 국민을 세뇌했다.

  이러한 사례는 미국에서도 찾아볼 수 있다. 프랭클린 루스벨트 대통령의 라디오 연설은 '1930년대 대공황을 겪고 있던 미국인들에게 마치 난롯가에서 속삭이듯 다독이고 설득하는 방송'으로 알려져 있다. 실제 루스벨트의 목소리는 매우 부드러웠는데, 목소리에 관한 다양한 실험을 언급하지 않더라도 좋은 목소리에 대한 사람들의 반응을 감안하면 당시 그의 방송이 얼마나 영향력 있었을지 짐작할 수 있다. 루스벨트는 자신의 부드러운 목소리를 라디오를 통해 흘려보내며 전쟁의 당위성을 인정받았다.

하지만 지금은 루스벨트의 라디오 방송이 '라디오를 통해 대중의 눈과 귀를 가린 거짓말'로 평가되고 있는 점에서 미디어의 영향력을 생각해 볼 수 있다.

최근 러시아의 우크라이나 침공과 관련해서도 러시아가 라디오는 물론 페이스북이나 일부 웹사이트를 차단했다는 점에서 미디어의 내용이 알맞은 그릇에 담겼을 때의 파급효과나 영향력을 알 수 있다. 미디어의 영향력에 관한 이야기는 뒤에서 다시 다루고자 한다.

그럼 앞에서 설명한 정보(내용)와 형식(미디어)을 연결하여 새로운 미디어를 제작한다는 가정하에 메시지에 대해 생각해 보자. 가령 김유정의 〈봄봄〉을 새롭게 제작하기로 했을 때 정보와 형식의 측면에서 생각해 보자.

· 정보의 측면

- 기존의 〈봄봄〉이 담고 있는 내용은 무엇인가?

- 등장하는 인물들의 특징은 무엇인가?

- 새롭게 제작할 때 훼손하지 않고 그대로 살려야 할 내용은 무엇인가?

- 〈봄봄〉의 시대를 현대로 바꾼다면 무엇을 어떻게 바꿀 수 있을까?

여기까지는 기존 국어 교육과 유사하다. 하지만 이것을 어떤 그릇에 담느냐에 따라 달라진다.

· 형식의 측면

- 들려주는 소리 미디어로 제작할까? 라디오 극장, 팟캐스트, 맹인을 위한 소리 녹음 등 다양한 방법 가운데 어떤 미디어 형태로 만들 것인가?

- 보여주는 영상 미디어로 제작할까? 극화한 드라마나 영화, 책을 소개하는 북트레일러, 나의 관점에서 생산한 유튜브 중 어떤 것으로 할까?

　- 글과 그림을 담은 미디어로 제작할까? 그림을 많이 담은 그림책, 대화체로 바꾼 만화, 시대를 현대로 바꾼 패러디, 만화를 디지털화한 웹툰 중 무엇으로 할까?

　이렇게 미디어의 형식과 그 속에 담기는 정보, 즉 콘텐츠에 관해 생각해 보아야 한다.

미디어 생비자

　미디어는 소비되는 동시에 생산되기도 한다. 이렇게 드라마나 책과 같은 콘텐츠를 만드는 일에 종사하는 생산자이면서 동시에 이러한 미디어 콘텐츠를 보거나 읽는 소비자를 '생비자(프로슈머, prosumer)'라고 부른다. 이전 사회는 생산자와 소비자가 구분되고 소비자는 생산된 상품을 수동적으로 소비하는 존재였다.

　여기에서 잠시 미디어를 생산하는 다양한 기관 중에 언론사에 대해 살펴보자. 언론사는 다양한 미디어 가운데 언론을 담당하는 회사로, 우리나라는 방송 사업자, 신문 사업자, 정기간행물 사업자, 뉴스 통신 사업자, 인터넷 신문 사업자 등을 가리킨다. 이러한 언론사는 정보를 담은 미디어를 생산하여 우리에게 제공하는 역할을 한다.

　이처럼 과거에는 미디어에 종사하는 사람들에 의해 생산된 콘텐츠가 유통되었지만, 현재는 정보사회의 변화와 다양한 미디어의 발달로 기존에 생산된 콘텐츠를 단순히 사용하기만 하는 것이 아니라 DIY 가구처럼 직접 생산에 참여하는 소비자들이 있다. 책이나 신문 또는 영상과 같은 미디어 콘텐츠를 만드는 적극적 생산도 있지만, '좋아요'나 '댓글' 또는 공유를 통해 미디어를 유통하는 소극적 생산자도 있다.

구분	내용
방송 사업자	- KBS, MBC, SBS 등 지상에서 방송을 송출하는 지상파 방송사 - 케이블을 이용하여 각 가정에 전하는 종합유선방송 사업자 - 위성을 통해 셋톱박스로 디지털을 송수신하는 위성방송 사업자 - 위성을 통해 프로그램을 편성, 방송, 공급하는 방송 채널 사용 사업자 - 공익 목적으로 라디오 방송을 하는 공동체 라디오 방송 사업
신문 사업자	종이 신문을 발행하는 사업
정기간행물 사업자	정치, 경제, 세계, 문화 등 전체 분야 또는 특정 분야에 관해 보도, 논평, 정보 등을 같은 제호(신문의 이름)로 월 1회 이하 책의 형태로 발행하는 잡지 등 정기적으로 기타 간행물을 발행하는 사업
뉴스 통신 사업자	뉴스 통신 사업을 위해 등록한 사업자
인터넷 신문 사업자	인터넷을 기반으로 전자 신문을 발행하는 사업자

구분		내용
과거	책	저자 - 시, 소설, 전문 서적 등의 읽을거리를 생산함 출판사 - 저자를 섭외하고, 책을 기획하고 출간함
	드라마	작가 - 상상이나 경험을 바탕으로 시나리오를 구성함 연출가 - 작가의 글에 연출을 덧붙여 드라마를 만들어냄 배우 - 연기자의 연기 능력에 따라 메시지가 다르게 전달됨
현대	책	누구나 책을 쓰고 판매할 수 있는 1인 1책 출판 시대
	드라마	한 반의 친구들과 공동으로 시나리오를 쓰고, 연출자가 되고, 배우가 되고, 편집자가 되어 만들고, 우리가 만든 작품을 우리가 감상하는 시대

이러한 생비자는 뉴스를 읽기만 하는 사람이 아니라, 시민기자로 활동하며 다양한 시각과 의견을 담아 뉴스를 생산하는 새로운 모습을 보여준다. 생비자가 유튜브와 같은 영상 미디어를 통해 쏟아내는 생산물만 하더라도 하루에도 셀 수 없을 만큼 많다. 또한 TV와 언론사를 비롯한 포털사이트 등의 다양한 미디어까지 더하면 각양각색의 정보가 쏟아진다.

그러한 이유로 미디어를 올바로 분석하고 제대로 이용하는 능력이 필요하다. 이와 관련하여 교육부는 미디어 교육 내실화 계획을 발표하였으며, 학생들이 직접 콘텐츠를 제작하고 미디어를 책임감 있게 이용하는 능력을 함양하는 데 초점을 맞춘 미디어 교육을 검토하고 있다. 이와 함께 교사들의 미디어 교육 역량을 높이기 위한 지원과 우수한 미디어 수업 사례 발굴도 유도한다고 밝혔다. 또한 학교 밖 청소년이나 농산어촌 학생들에게 양질의 미디어 교육을 제공하기 위해 지역 내 미디어 교육 연계망을 강화하며, KBS와 업무 협약을 맺고 체험 프로그램 지원, 시도교육청과 KBS 지역국 사이의 소통 강화 등을 계획한다고 밝혔다.

미디어의 속성

미디어 생비자는 자신이 습득한 정보를 단순히 수용하는 것을 넘어서 비판적으로 살펴보고, 이에 대한 자기의 생각을 미디어의 형태로 제작하고 공유하는 참여자로, 그리고 이를 바탕으로 사회의 올바른 시민으로 발전해야 한다고 학자들은 말한다. 이같이 비판적으로 생각할 때 반드시 고려해야 할 점이 바로 미디어의 속성이다.

베리 덩컨과 그의 동료들은 미디어의 속성을 다음 8가지로 정리하였다.

미디어의 8가지 속성

① 모든 미디어는 구성물이다.
② 미디어는 실재를 구성한다.
③ 수용자는 미디어의 의미를 파악한다.
④ 미디어는 상업적 속성을 지닌다.
⑤ 미디어는 이데올로기 및 가치가 내재된 메시지 등을 포함한다.
⑥ 미디어는 사회적, 정치적 속성을 가진다.
⑦ 형태와 내용은 미디어와 밀접한 관련이 있다.
⑧ 각각의 미디어는 독특한 심미적 형식을 가진다.

베리 덩컨과 동료들

이 역시 아이들을 대상으로 지도할 때는 자세한 설명이 필요하다. 문장으로는 이해되지만 그 속에 담긴 의미까지 이해하기는 어려우므로 풀어서 설명해야 한다. 이때 8가지를 모두 설명한다면 지루하고 어려운 이야기가 된다. 초등학생과 중학교 자유학년제 수업의 경우 ①~④를, 고등학생은 ⑤~⑥에 대해서도 설명한다.

우선 '모든 미디어는 구성물이다'라는 말부터 하나씩 풀어보자. 구성한다는 말은 미디어가 만들어진다는 것을 의미한다. 이렇게 미디어를 만들 때 실재(실제로 존재하는 것)를 바탕으로 구성한다는 것이다. 우리가 가짜 뉴스라고 이야기하는 허위 조작 정보는 무(無)에서 유(有)로 조작되는 것이 아니라, 실재를 바탕으로 조작된다는 것이다. 그래서 미디어를 보는 수용자, 즉 우리는 미디어가 보내는 메시지의 의미를 파악해야 한다. 이는 미디어가 자신을 홍보하거나 돈을 벌어야 하는 등의 상업적 속성을 지니고 있기 때문이다. 국민의 알 권리를 위해 세상에서 일어난 일들을 전달하는 공적 역할을 담당하는 언론도 가장 큰 수입원인 광고를 선점하기 위해 경쟁하는데 이러한 상업성은 공공성과 함께 미디어가 지니는 속성이다. 그러한 이유로 대부분의 미디어는 돈과 관련된 시청자, 광고주, 권력으로부터 완전히 분리되기 어렵다.

이러한 것을 고민해야 하는 이유는 앞에서도 언급한 미디어의 영향 때문이다. 과거에는 라디오, 텔레비전, 신문과 같은 몇몇 대중 미디어가 이슈가 되는 하나의 콘텐츠를 중심으로 세상을 이끌어갔다. 〈6백만 달러의 사나이〉가 방영되던 시절에는 어린이들이 달리는 자동차와 경주했고, 〈원더우먼〉이 방영되던 시절에는 망토를 두르고 높은 곳에서 뛰어내렸다. 이러한 미디어의 영향력을 파악한 루스벨트 대통령은 전쟁의 당위성을 묵인받기도 했고, 히틀러는 세상을 정복하는 꿈을 꾸기도 했다.

하지만 미디어가 다양화된 오늘날에는 하나의 이슈가 아니라, 제각기 다른 미디어가 다양하게 쏟아내는 수많은 정보를 바탕으로, 세상의 소식을 듣고 살아가는 이치

보여주고 싶은 부분만 보여주는 미디어

를 배운다. 그래서 미디어가 사실을 바탕으로 하는 객관적이고 진실한 정보를 제공하기를 바란다. 그러나 미디어는 때로는 특정한 것만을 보여주기도 하고, 전체 중에서 이야기하고 싶은 일부분만을 내세우기도 하며, 또는 왜곡된 정보를 제공하기도 한다.

그러한 이유로 우리는 특정한 정보나 뉴스를 보고, 전체의 이야기로 잘못 판단하기도 하며, 필터버블(Filter Bubble, 맞춤형 정보만 제공하여 선별된 정보에 둘러싸이는 현상)된 정보의 영향을 받기도 한다. 이러한 점에서 미디어가 보여주는 정보들을 비판적인 시각으로 바라보고, 미디어의 영향력을 파악하는 힘을 기르는 것이 현대를 살아가는 데 꼭 필요한 능력이다.

미디어를 생산자와 소비자의 측면에서, 미디어가 가진 속성을 바탕으로 비판적 시각에서 이해하려고 노력해야 한다. 여기에서 엘리자베스 토먼이 제시한 핵심 개념을 참고해 보자.

분석(소비자 측면)	5가지 핵심 개념(키워드)	제작(생산자 측면)
누가 이 메시지를 만들었는가?	모든 메시지는 구성된다.(저자)	나는 무엇을 저작하고 있는가?
이 메시지는 나의 주목을 끌기 위해 어떤 창의적 기법을 사용했는가?	미디어 메시지는 그 자체의 규칙 속에서 창의적인 언어를 사용해서 구성된다.(형식)	나의 메시지는 형식, 창의성, 기술에 대한 이해를 반영하고 있는가?
사람들이 메시지를 어떻게 달리 이해하는가?	동일한 메시지라도 사람들은 다르게 경험한다.(이용자)	나의 메시지는 이용자들에게 각기 다른 반응을 자아내는가?
메시지에는 어떤 가치, 생활 습관, 관점들이 반영되어 있는가? 또는 생략되어 있는가?	미디어는 내재된 가치 및 관점을 가진다.(내용)	내가 만든 콘텐츠는 나의 가치, 생활 습관, 관점을 명확하고 일관성 있게 제시하고 있는가?
이 메시지는 왜 보내졌는가?	대부분의 미디어 메시지들은 이익 혹은 권력을 얻기 위해 만들어진 것이다.(목적)	내가 말하고자 하는 것을 효율적으로 전하고 있는가?

엘리자베스 토먼의 핵심 개념

토먼의 핵심 개념은 앞에서 언급한 베리 덩컨이 말한 미디어의 속성과 연결하면 더욱 이해하기 쉽다. 미디어 생비자가 어떤 의미로 미디어를 생산하고, 어떤 의미로 해석하는지를 비판적인 시각으로 이해할 수 있다.

미디어의 역할

학자들은 미디어가 우리 사회에서 4가지 중요한 역할을 한다고 본다.

첫째, 환경 감시 기능이다. 미디어의 중요 기능으로, 세상에서 일어나는 다양한 소식을 전하고, 정보를 수집하고 제공하며, 사회의 이슈를 뉴스로 알려주는 것이다. 예를 들어 코로나와 같은 상황에서 우리나라의 현황과 관련된 국가 정책을 발 빠르게 알려주었으며, 세계의 상황도 공유하였다. 이처럼 자연재해나 전염병 등과 같이 어려움에 대비하거나 피해를 최소화할 수 있는 역할을 미디어가 수행하는 것이다. 그러나 이러한 역할 수행 과정에서 정보의 지나친 노출은 불안을 조성하기도 하고, 잘못된 정보로 인해 사회를 혼란스럽게 만들기도 한다는 점에 주의해야 한다.

둘째, 상관 조정 기능이다. 환경 감시 기능이 지나치지 않도록, 단순한 보도를 넘어 정보의 의미를 해석하고 대응책을 제시하는 것이다. 미디어를 통해 원인과 이유를 밝혀내고, 미디어가 제시한 바를 어떤 측면에서 해석하고 이해할 것인지 판단하도록 돕는다. 그래서 수용자가 받아들일 수 있는 설득형 정보가 많다. 하지만 보여주고 싶은 것만 보여주는 미디어가 편견이 개입된 해석을 제시하거나, 중요한 이슈가 아닌 이념적이고 편향적인 정보를 다루거나, 또는 권력과 이익에 눈감는 정보를 제공하거나 왜곡된 보도를 하는 경우도 발생하여, 오히려 판단을 흐리고 있다는 목소리도 나온다.

셋째, 문화 전수 기능이다. 이는 각 사회가 가진 규범과 가치를 미디어를 통해 한 사회에서 다음 세대로 전수하는 것이다. 미디어의 지속적인 노출을 통해 사회에서 수용할 수 있는 문화와 윤리적인 선을 익히는 역할도 하고 있다. 그러나 이러한 역할이 지나치면 문화의 다양성을 해칠 우려도 있다.

넷째, 오락 기능이다. 흥미 위주의 콘텐츠로 기분 전환을 하고 휴식을 돕는 것이다. 이러한 콘텐츠는 삶의 활력소를 제공하기도 하지만, 오락 기능에 몰입하면 사회문제에 무관심해지거나, 청소년의 경우 선정적이고 폭력적인 미디어에 노출될 우려가 있다.

미디어의 영향력은 매우 크다. 예를 들어 IMF 외환위기 당시 모닝글로리가 외국 브랜드로 알려지면서 기업의 존립이 흔들렸고, 잘못된 우지 파동 기사는 삼양라면에 손실을 입혔다. 이에 대한 정정 뉴스는 대체로 사람들 눈에 잘 띄지 않을 정도로 작게 보도될 뿐 아니라, 자극적인 것에만 관심 있는 사람들에겐 이미 지나간, 그래서 관

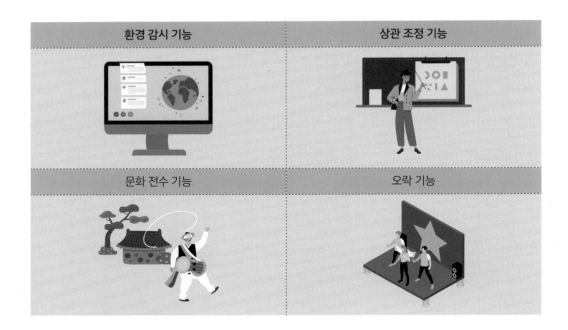

심 밖으로 밀려난 이야기가 되기도 한다. 이는 먼 과거의 사례이지만 현재도 다르지 않다. 그래서 미디어가 이야기하는 허위 정보나 왜곡된 정보, 또는 선정적이고 자극적인 것에서 벗어나, 양질의 콘텐츠를 이용할 수 있는 능력을 향상해야 한다.

미디어 리터러시의 개념

앞에서 살펴보았듯이 미디어나 리터러시의 개념은 시대에 따라 변화하고 있으며, 학자의 시각과 견해에 따라 다르게 정의되고 있다. 정현선 외(2015)는 미디어 리터러시를 "미디어가 전달하는 정보나 문화 콘텐츠에 적절히 접근하여 이를 비판적으로 이해하고, 미디어를 활용하여 의미 있는 정보와 문화를 생산하고 전달할 수 있는 능력 및 윤리적이고 책임 있게 미디어를 이용하는 태도"라고 하였다.

최근 미디어별 기능이 부각되면서 디지털 리터러시, 컴퓨터 리터러시, 정보 리터러시, 영상 리터러시 등과 같이 다양하게 사용되고 있다. 이러한 이유로 리터러시의 개념도 혼동을 야기하고 있는데, 이에 대해 유럽시청자권익위원회는 "미디어가 제공하는 메시지를 해석, 분석, 처리, 맥락화 정보를 획득, 흡수, 맥락화할 수 있는 능력"이 '미디어 리터러시'라고 정의했다. 영국의 미디어 커뮤니케이션학 교수 S. 리빙스턴은 "시청각 미디어가 지배적이었던 시기에는 미디어 리터러시를 '이용자의 수용성(audience reception)'과 '해석(interpretation)' 능력에 초점을 맞추었지만, 누구나 콘텐츠를 생산하고 확산시킬 수 있는 현재의 미디어 이용 환경에서는 참여적, 비판적 능력이 반영된 미디어 리터러시 개념이 요구된다"고 언급했다.(Livingstone S., 2004, p.20)

여기에서는 '미디어 리터러시'를 "미디어를 통해 다양한 형태로 전송되는 미디어(텍스트, 사진, 영상 등)에 접근하여, 제대로 읽고 바르게 분석하고 평가하며, 재생산하고 책임 있게 이용하는 능력"이라고 정의한다. 그리고 "미디어의 기능에 접근하고 이용하는 기술적 능력을 포함하고, 미디어를 활용한 네트워크에서 맥락에 맞게 사고하며, 사회적이고 창조적인 능력을 포함한 비판적 사고 능력"으로 설명한다. 이는 한국언론진흥재단의 〈미디어 교육의 재구조화: 21세기 한국의 미디어 교육 영역 및 구성〉(2018)을 바탕으로 한다.

미디어 리터러시 교육과 역량

미디어 교육의 개념을 재구조화한 양정애(2018)는 미디어 교육의 하위 영역과 세부 역량을 다음과 같이 구분하였다.

미디어 교육의 구분에서 '미디어를 활용한 교육'에 대한 의견이 분분하다. 미디어를 활용한 교육이 미디어가 중심이 아니라 수많은 교육 목적을 위해 미디어가 수단으로 활용되었다는 점에서 미디어 리터러시 역량이 함양되기 어렵다고 보았기 때문

하위 영역		세부 역량과 요소
기초 역량	미디어에 대한 접근	· 미디어(콘텐츠) 유형과 기능 인지 · 미디어(콘텐츠)의 실제 이용과 기기 활용 방법 · 미디어 기기, 기술의 기능적 활용 방법 습득
중점 역량	비판적(분별적) 미디어 이용	· 미디어의 기술적 속성, 상업성 이해, 영향력 파악 · 미디어 콘텐츠의 품질 평가 · 내용의 사실·진실 확인 등 정보 판별 능력 · 미디어 콘텐츠 선별적 수용
심화 역량	생산적 미디어 활용	· 미디어로 지식·정보를 습득해 발전적 목적으로 활용(자기계발, 진로 탐색 등) · 자기의 생각을 미디어 형식(포맷)에 맞게 표현 · 미디어를 통한 소통(정보 공유, 대화 등) · 이슈에 다양한 형태로 참여
	책임 있고 안전한 미디어 향유	· 타인의 권리를 준수하는 미디어 이용 태도와 행동 · 자신의 권리를 침해받았을 때 대응 방법 · 미디어에 대한 노출과 자율적 조절 능력(과의존·과몰입 지양, 위험한 콘텐츠 이용 자제 등) · 미디어 콘텐츠의 심미적 감상 · 미디어(콘텐츠)를 통한 즐거움과 정서적 안정감 획득

이다. 여기에서도 파악할 수 있듯이 미디어 리터러시는 단순한 미디어 수용을 말하는 것이 아니다. 그러나 미디어 교육을 지도하는 강사들 다수는 미디어를 활용한 교육에서도 지도자의 역량에 따라 충분히 미디어 리터러시 교육이 이루어질 수 있다고 언급한다. 가령 지도자가 성교육과 같은 특정 주제로 수업하기 위해 학생들에게 영상을 제공할 때, 그냥 제공만 하느냐, 아니면 이러한 영상을 선택한 이유나 영상의 의도 등을 함께 전달하느냐에 따라 미디어 교육의 효과는 다르다는 것이다. 결국 각각의 교육이 완전히 독립적이기보다 서로 연관되어 있다고 볼 수 있다.

교육부 역시 보도(2020년)를 통해 미디어 리터러시 역량을 다음과 같이 제시했다.

세부 역량	내용
미디어 지식 탐구	미디어의 형식과 내용, 특성을 탐구하는 능력
미디어 콘텐츠 검색	적절한 정보를 찾고, 신뢰할 수 있는 정보를 선택할 수 있는 능력
미디어 콘텐츠 이해	미디어에 담긴 내용을 정확하게 이해하는 능력
미디어 콘텐츠 생산	의미 있는 정보나 문화 텍스트를 생산하고 그 과정을 이해하는 능력
미디어 콘텐츠 감상	미디어를 통한 심미적 감식안과 미디어 경험 수준을 향상하는 능력
미디어 콘텐츠 비평	미디어가 전달하는 정보 및 사회 문화적 현상에 대한 비판적 분석 및 평가 능력
책임 있는 미디어 사용	저작권과 초상권 및 개인정보를 보호하여 안전하게 미디어를 이용할 수 있는 능력

한국언론진흥재단에서 말하는 역량이 일반적으로 모든 사람을 대상으로 하고 있다면, 교육부에서 말하는 역량은 학생들의 미디어 역량을 높이기 위한 것으로 정리되었다. 물론 두 기관 외에 시청자미디어재단이나 도서관협회 등은 다양한 기관에 적합한 형태의 미디어 리터러시 역량을, 그리고 학자들은 연구에 적합한 미디어 리터러시 역량을 제시하고 있다. 그 가운데 안정임 외(2017)는 다음과 같이 제시했다.

역량	세부 항목
접근	미디어 이용 기술 능력, 미디어 이용 통제 능력, 도구적 활용 능력
비판적 이해	미디어 재현 이해 능력, 미디어의 상업성 이해 능력, 정보 판별 능력
창의적 생산	미디어 제작 능력, 자기표현 능력, 공유 능력
참여	네트워킹 능력, 협업 능력, 시민적 실천과 참여 능력
윤리	관용과 배려, 책임 있는 이용 능력, 보호 능력

이러한 분류는 한국언론진흥재단의 역량 재구조화의 모델이 되기도 하였다. 여기에서 중요한 것은 참여와 윤리를 역량으로 제시하였다는 것이다. 미디어 리터러시의

지향점 가운데 하나가 시민의식 등 참여를 목표로 하고 있다는 점에서 주목할 필요가 있다. 또한 미디어가 소통을 목적으로 하고 있다는 점에서, 타인에 대한 역량인 윤리는 매우 중요한 요인 중 하나라고 할 수 있다. 이 책에서는 한국언론진흥재단의 세부 역량을 바탕으로 교육부의 세부 항목을 엮어서 사용하고자 한다.

이렇게 미디어 리터러시 역량의 향상을 이야기하고, 미디어 리터러시 교육의 중요성을 언급하는 이유는, 흥미와 자극 중심의 미디어 정보에 현혹되지 않고, 균형 잡힌 양질의 정보를 이용할 수 있도록, 미디어 리터러시 개념을 제대로 이해하고 사용하는 방법을 익히는 것이 사회적으로 필요하기 때문이다. 그렇다면 어떻게 교육하는 것이 좋을까? '수단의 굶주린 소녀' 또는 '소녀를 노려보는 독수리' 등의 제목으로 알려진 케빈 카터의 사진을 바탕으로 미디어 리터러시 역량을 쉽게 이해해 보자.

접근 사진에서 보이는 것을 써봅시다.	**'독수리와 소녀'** 아래 QR코드는 케빈 카터가 아프리카 남부 수단에서 찍은 보도사진 '독수리와 소녀'다. 	**비판적 읽기** 있는 그대로를 담은 사진은 사실과 진실을 모두 보여주고 있을까요?
생산적 미디어 활용 보도 기자에게 기자의 윤리와 인간의 윤리 가운데 어떤 것이 우선시되어야 할까요?		**책임 있고 안전한 향유** 댓글을 썼던 독자들의 미디어 이용 태도는 책임 있고 안전한 향유였을까요?

이 한 장의 사진은 사실과 진실, 보도윤리, 그리고 미디어 이용자의 책임 있고 안전한 향유 등 다양한 리터러시 역량을 생각해 볼 수 있는 좋은 콘텐츠이다. 미디어 리터러시를 위해 사진으로 드러나는 이야기뿐만 아니라 그 외의 드러나지 않는 부분까지 살펴봐야 한다는 것을 알 수 있다. 이 사진에 관한 스토리는 많은 플랫폼에서 다루고 있으며, 다양한 관점에서 정리하고 있으니 참고하면 된다. 주의할 것은 케빈 카터의 자살 등 무거운 이야기도 담겨 있는 사진이므로, 수업받는 대상에 따라 어디까

지 이야기하면 좋을지 등에 대해 고민해야 한다는 점이다.

미디어, 학습자 스스로 판단이 중요

우리가 미디어를 지도하는 이유는 앞에서 언급했듯이, 미디어를 올바로 분석하고 제대로 이용하는 능력이 필요하기 때문이다. 다양한 미디어가 생겨나고, 1인 방송 시대를 맞이하면서 수많은 채널들이 각기 다른 관점에서 정보를 쏟아내고 있다. 따라서 미디어가 말하고 보여주는 대로 믿기보다, 비교하고 판단하도록 지도해야 하는 것이다.

하지만 미디어 리터러시를 가르치는 지도자 가운데, 정치 성향을 비롯하여 자신의 가치관에 맞는 미디어를 이용하여 '내가 말하는 것이 옳으니, 너는 이대로 믿고 따라야 한다'라고 강조하는 사람들을 아주 가끔 만난다. 그러고는 '내가 가르치는 게 옳은데 학생들은 왜 그대로 믿지 않을까'를 반문하기도 한다.

우리가 가르치는 대상이 비록 학생이기는 하나, 그들도 어려서부터 가정과 사회로부터 보고 배운 것을 바탕으로 나름의 가치관을 지니고 있다고 보아야 한다. 하지만 아직 학생이라는 점과, 정보를 보는 안목이 아직 갖춰지지 않았다는 이유로 그들의 가치관을 무시하는 경향이 있다. 그러다 보니 미디어 교육 자체가 문제가 되기도 한다.

미디어 교육은 근본적으로 비판적 사고를 바탕으로 한다. 따라서 학습자에게 정보를 주입하는 형태가 아니라, 주어진 정보를 스스로 비교하고 판단할 수 있도록 지도해야 한다. 갈등을 유발하는 주제라면 양쪽의 뉴스를 같은 질량으로 적절히 제공하거나, 학습자가 양쪽의 뉴스를 직접 찾아서 조사한 후 자기의 생각을 스스로 정리하고, 친구들과의 공유를 통해 편향된 생각이 아니라 다양한 방면에서 확장할 수 있도록 해야 한다.

이러한 교육이 되기 위해서는 비판적 사고를 위한 전략을 바탕으로 핵심 질문을 해야 하며 토의나 토론을 통해 학습자 간의 소통이 이루어지고 정리될 수 있도록 하여야 한다. 그리고 지도자는 학생들의 토의와 토론 과정에서 생각하지 못한 다른 관점은 없는지, 더 깊이 생각해 보아야 할 것은 무엇인지 등에 관한 피드백을 해주어야한다. 그것을 통해 학습자는 더 넓은 시각으로 비판적 사고를 할 수 있는 것이다.

미디어, 생비자 중심의 수업 설계 필요

지도자가 훌륭한 수업을 기획하였다 하더라도 학습자가 참여할 의지를 보이지 않는다면 의미가 없다. 자유학년제 수업의 경우 제과제빵반, 토탈공예반 등 많은 과정이 체험형 프로그램으로 진행되는 반면, 미디어 리터러시 반은 읽고 이해하고 결과물을 생산해야 하는 사고 중심의 과정으로 진행되는 것이 일반적이다. 그러니 가위바위보에 져서 어쩔 수 없이 오는 아이들이 대부분이며, 벌점이 많아서 남들이 선택하지 않는 미디어 리터러시 반에 배정된 학생도 있다. 그러다 보니 의욕이 저조한 중학생을 대상으로 그들이 잠들지 않도록 수업하는 것이 임무가 되기도 한다. 이는 결코 쉬운 일이 아니며 교육 효과도 높이고 학습의 재미도 느낄 수 있는 새로운 교육법을 고민해야 한다.

첫 번째로 소개할 방법은 게이미피케이션, 즉 게임형 수업이다. 수업의 일정 부분을 게임으로 진행하는 방법과 수업 전체를 게임형으로 진행하는 방법이 있다. 전체를 게임화하는 것이 가장 좋은 수업 모델이기는 하지만, 그것이 어렵다면 애플북스의 《미디어 리터러시 보드게임북》과 《컴퓨팅 사고력 보드게임북》 등을 활용하여 이론과 게임을 엮어서 진행해 보길 권한다.

두 번째로 소개할 방법은 소비자와 생산자를 모두 경험하는 체험형 수업이다. 물론

한 차시에 모든 것을 진행할 수는 없다. 그래서 필요한 것이 무엇을 빼고, 어떤 것을 체험시킬 것인가에 관한 것이다. 이 책이 바로 이러한 내용으로 구성되어 있다. 교사를 위해 미디어 콘텐츠에 관한 기본적인 개념을 정리하였으며, 각 콘텐츠는 3차시의 활동을 통해 생산을 경험하도록 하고 있다.

이 책의 내용은 두 강사가 수업에서 실제 진행했던 사례를 바탕으로 작성되었으며, 지면의 한계와 3차시라는 정해진 시간 안에 소화하기 위해, 여러 차시로 진행되었던 내용 가운데 일부를 편집하여 담았다. 한가지 우려하는 점은 지면의 한계로 생략한 부분, 또는 저자가 생각하지 못한 오류가 있을 수도 있다는 것이다. 이러한 점에 대해 문의가 있다면, '신나는미디어 교육' 밴드에서 같이 이야기 나눌 수 있다.

참고 자료

• 르네 홉스, 윤지원 옮김, 《디지털 미디어 리터러시 수업》, 학이시습, 2021.
• 마셜 맥루한, 박정규 옮김, 《미디어의 이해(인간의 확장)》, 커뮤니케이션북스, 1999.
• 안정임 · 서윤경 · 김성미, 〈국내 미디어 리터러시 연구 동향 분석: 연구 특성 및 미디어 역할, 미디어 리터러시 역량 요인을 중심으로〉, 한국방송학보, 31(5), 5-49, 2017.
• 양정애, 김아미, 박한철(2019). 미디어교육의 재구조화: 21세기 한국의 미디어교육 영역 및 구성.(연구서 2019-08). 서울: 한국언론진흥재단.
• 앨빈 토플러, 원창엽 옮김, 《제3의 물결(The third wave)》, 홍신문화사, 1980.
• 정현선 · 박유신 · 전경란 · 박한철, 〈미디어 문해력(Media Literacy) 향상을 위한 교실수업 개선 방안 연구〉, 교육부 2015-12, 2015.
• 〈당신의 문해력: 1부 읽지 못하는 사람들〉, EBS 방송자료, 2021.
• 교육부 보도자료 (2020). 초등 국어 교과서, 미디어 리터러시와 만나 원격 수업 지원한다. 보도자료 (2020.04.21.)
• "어린이 보호구역, 디지털 세상에도 있나요?" 경향신문 2021.11.18, 조해람 기자, https://www.khan.co.kr/national/national-general/article/202111181652001
• Hobbs, R., Digital and media literacy: A plan of action, A White Paper on the Digital and Media Literacy Recommendations of the Knight Commission on the Information Needs of Communities in a Democracy, 2010
• Livingstone, S., Media literacy and the challenge of new information and communication technologies, The Communication Review, 7(1), 3~14, 2004.

2부 ─ 미디어 리터러시, 교육과 만나다

책은 가장 기본적인 인쇄 미디어로, 작가의 지식과 생각을 텍스트와 이미지 등으로 표현한 창작물이다. 책 속에 담긴 작가의 사상과 경험은 우리 삶에 영향을 미친다. 그래서 어떤 이는 책을 읽는 행위가 '책으로 담을 쌓기보다 책으로 담을 허무는 역할을 해야 한다'고 말한다.

고대에는 동물이나 식물의 껍질에 필사해서 책을 만들었고, 수작업으로 잉크를 발라 한장 한장 인쇄하던 시대를 지나, 대량 인쇄의 단계를 거쳐, 지금과 같이 전자기기를 이용하여 누구나 책을 출판하는 시대가 되었다. 또한 종이책을 읽던 시대에서 디지털 기기를 이용하여 책을 보고 듣는 시대가 되었다.

이렇게 책은 기록의 모음과 같이 텍스트 중심의 미디어에서 시작하여, 인쇄술의 발달과 사진 리터러시 시대를 거치면서 이미지까지 공유하고 소통하게 되었다. 그래서 책을 읽는다는 것은, 글을 읽는 것뿐 아니라 이미지를 읽고 이해하는 것까지 포함한다. 우리는 책을 통해 정보를 습득하고, 그렇게 채워진 지식으로 새로운 책을 출판하고 다시 정보를 습득하는 선순환을 경험한다.

책등　표지　　　　　속표지 / 인트로

구성 요소	설명
표지	책의 얼굴. 사람들이 책을 구매하는 데 영향을 미치는 요소로 서체나 이미지뿐 아니라 색깔에도 의미가 담김.
책등	책장에 꽂았을 때 보이는 부분.
머리말	저자의 이야기, 책의 전반적인 내용에 대한 글. 저자의 목적 등을 파악할 수 있는 페이지.
속표지	책의 내지 중 가장 첫 페이지.
목차	책의 내용을 한눈에 볼 수 있는 페이지. 각 꼭지의 제목과 페이지 숫자로 가독성을 고려하여 구성.
간지	각 장의 첫 페이지. 각 장의 표지로 구분하는 용도로 쓰임.

　책의 구성은 위와 같다. 옛날에는 출판사만 책을 제작하고 판매했으나, 현대에는 출판사의 기획과 상관없이 자비를 들여서 출판하기도 하고, 종이책이 아닌 전자책이나 오디오북으로 출간하기도 한다. 또한 한 권으로 만나는 단행본도 있고, 매주 발행되는 주간지와 매월 선보이는 월간지도 있다.

　이렇게 제작되어 판매되는 책은 모두 양질의 정보를 담고 있는 것 같지만, 개인의 지식과 경험을 바탕으로 저술되고 편집되었다는 측면에서 반드시 리터러시가 필요하다. 특히 글 속에 담긴 가치는 알게 모르게 우리 삶에 영향을 미치기 때문에, 더욱 신중하게 생각해 보아야 한다.

　최근 '책'을 주제로 하는 학생 대상의 수업은 다음 3가지가 많이 진행된다. 첫째는 예전부터 진행되었던 책을 읽고 생각한 것을 글로 표현하는 독후 활동, 둘째는 1인 1책으로 작가가 되는 저작 활동, 셋째는 북트레일러를 제작하는 활동이다.

우선 첫번째의 경우 중학교에서 요청이 많다. 최근 코로나로 인해 다양한 미디어에 노출되었기 때문이다. 특히 텔레비전 자막의 홍수나 게임의 자극은 생각을 필요로 하지 않는다는 점에서 영향을 끼쳤다. 책을 읽고 생각한 것을 글로 표현하기 위해서는 경험 역시 풍부해야 하는데, 코로나로 인한 경험의 부재는 글을 쓰는 어려움으로 이어지기도 했다. 가령 김유정의 〈동백꽃〉은 동백꽃에 대해 "노란 동백꽃 속으로 폭 파묻혀 버렸다. 알싸한, 그리고 향긋한 그 냄새에 나는 땅이 꺼지는 듯이 온 정신이 고만 아찔하였다"라고 표현하고 있다. 그렇다면 이 동백꽃은 부산의 상징인 그 빨간 동백꽃일까? 김유정 문학관이 있는 춘천 지역을 제외하고 대부분 지역의 사람들은 그렇게 알고 있다. 하지만 이 동백꽃은 생강나무의 꽃을 말하며, 생강나무에서도 머리에 바르는 기름이 나오기 때문에 동백이라 불렀다고 한다. 이처럼 직접적이거나 간접적인 경험이 없다면 제대로 이해하기 어렵다.

둘째, 1인 1책의 경우 최근 트렌드로 누구나 책을 쓸 수 있다는 의미다. 책을 쓴다는 것은, 내가 가진 지식과 경험을 다른 사람들에게 전달하기 위해 글로 작성하는 활동을 말한다. 예전에는 출판사에 원고를 보내고 채택되어야 책을 낼 수 있었다. 물론 유명 작가라면 출판사가 원고를 기다리겠지만, 새내기 작가 지망생이라면 기획안을 통해 책을 출판할지 말지 결정되기도 한다. 하지만 지금은 전자출판이나 자비 출판 등의 다양한 방법으로 누구나 책을 낼 수 있는 시대이다. 그래서인지 진로 수업에서 출판 과정을 익히는 교양과목을 개설하는 학교가 증가하는 추세다.

이 두가지는 기본적인 글쓰기를 바탕으로 하고 있다. 하지만 요즘 아이들의 특성이 글쓰기를 싫어한다는 점에서 쉽지 않으며, 예전과 같이 강제적으로 글을 쓰도록 하는 학교 활동이 많지 않음에 따른 글쓰기 경험의 부족으로 더욱 어렵다. 지금의 어른 세대가 어렸을 때는, 위문편지를 비롯하여 건강 글쓰기 등 다양한 주제의 글쓰기에 학생 전체가 참여했다. 그러나 요즘은 참여하고 싶은 사람만 참여하다 보니 글을 쓸 기회가 줄어들었다. 그마저도 코로나로 인해 더 줄어들었고, 그에 따라 생각하는 힘 역시 저하되고 있다. 그래서 짧을 글을 읽고 비판적으로 생각한 후 자기의 생각을 글로 표현하기 위한 특강 요청이 많다.

읽기 수업에서 가장 중요한 것은 문해력이며, 이는 리터러시의 바탕이 된다. 리터러시는 텍스트의 문맥을 파악하는 능력뿐 아니라, 이미지에 담긴 것도 함께 읽는 능력, 즉 복합적 읽기 능력을 말한다. 실제 중학생을 대상으로 하는 수업에서는 문해력 격차의 문제가 발생하지 않도록 《동화를 통한 자존감 이야기》를 활용하여, 짧은 글을 읽게 한 후 다양한 질문을 통해 자기의 생각을 글로 표현하도록 지도하고 있다. 《동화를 통한 자존감 이야기》는 선정된 동화 15편의 간추린 내용, 작가 소개, 표지 읽기, 시대적 배경과 사회, 등장인물의 입장에서 이해하기, 뉴스에 실린 이야기 등 다양한 시각에서 동화를 통해 자존감에 대해 생각할 수 있도록 구성되어 있다. 이러한 읽기 를 통해 자기의 생각을 표현하고, 경험이나 지식을 글로 작성할 수 있다.

셋째, 북트레일러 제작은 최근 신간을 알리는 기본적인 홍보 수단이 되었다. 하지 만 우리의 수업에서는 새로운 책을 처음 읽는 것부터 시작하기는 어렵다. 그러므로 이미 읽었던 책 가운데 소개하고 싶은 책을 선정하거나, 《동화를 통한 자존감 이야 기》와 같이 짧게 소개해 놓은 책을 활용하여 진행한다.

이 책에서는 북 리터러시 수업 활동을 북트레일러 제작을 바탕으로 구성했다. 책이 라는 인쇄 미디어에 대한 이해와 자신이 읽은 책에 대한 정보를 찾는 방법, 그리고 책 을 다양한 시각으로 읽는 활동을 통해, 책을 소개하는 북트레일러를 제작하고자 한다.

참고 북트레일러

《보드게임, 교육과 만나다》 카드뉴스	《컴퓨팅 사고력 보드게임북》 영상
https://url.kr/a4qicu	https://url.kr/s2nb4g

참고 자료

- 박점희 · 은효경, 《동화를 통한 자존감 이야기》, 글로벌콘텐츠
- 마리아 니콜라예바 · 캐롤 스콧, 《그림책을 보는 눈》, 마루벌

북 리터러시 1 - 미디어로 분석하며 읽기

✏️ 학습 목표(초등 중학년 이상)

독서 활동을 통해 미디어 리터러시를 알고, 창의적으로 책을 읽을 수 있다.

(지식정보 처리 역량) 다양한 지식과 정보를 통해 메시지를 정리할 수 있다.

(창의적 사고 역량) 경험의 융합적 사고로 새로움을 찾아낼 수 있다.

(협력적 소통 역량) 자기의 생각을 효과적으로 표현할 수 있다.

✏️ 미디어 리터러시 역량

(접근 역량) 정보의 검색

(비판적 역량) 정보의 이해, 정보의 분석, 상업성 이해

✏️ 학습 절차

도입	**모둠 짓기** 4명이 한 모둠이 되도록 구성한다.
진행 1	**· 책도 미디어다.** 《강아지똥》그림동화를 읽는다. 지도Tip) 다른 책도 상관없다. 다만 책 선정에서 《강아지똥》과 같이 교과서에 실렸거나 모두 알 수 있는 것이 좋으며, 책 이외에도 영상이나 음악 등 다른 미디어 콘텐츠가 있는 책, 책에 관한 다른 시각의 해석이 있는 것이 좋다. **· 미디어는 메시지다_1** 미디어는 어떤 그릇에 담기느냐에 따라 해석도 달라진다. 1부에서 이야기한 '미디어는 메시지다'를 경험한다. 《강아지똥》을 인쇄된 책으로 보았으니, 애니메이션으로 제작된 영상, 노래로 만들어진 소리 미디어를 비교하여 활동자료 ①에 작성한다. 《강아지똥》을 책, 영상, 노래로 감상하고 느낌을 비교해 본다. 미디어가 가진 특성과 영상과 소리와 인쇄 미디어로 나타내기 위한 표현 방법 등도 함께 생각해 본다.

	· 책에 관한 정보 검색은 필수 모둠은 《강아지똥》의 글 작가와 그림 작가에 대한 내용을 검색하여 활동자료 ①에 작성하고, 검색을 통해 얻은 정보를 모둠의 친구들과 공유한다. 학생들에게 특정 플랫폼을 이용해야 한다는 등의 제한을 두지 않는다. 이는 학생들이 주로 이용하는 미디어를 알기 위함도 있다. 간혹 학생 다수가 네이버에서 찾았다고 답하기도 한다. 이는 네이버의 네트워크를 이용하여 다른 플랫폼으로 이동하였음을 이해하지 못해서 생기는 현상이기도 하다. 그러므로 학생들의 대답에 따라 검색 플랫폼의 구조에 대한 설명을 통해 미디어를 이해시킬 필요가 있다.
진행 2	**· 미디어는 메시지다_2** 책 속 이야기를 비판적으로 리터러시한다. 활동자료 ②의 질문에 대해 자기의 생각을 작성한 후, 모둠에서 발표하고 친구들은 어떤 생각을 했는지 공유한다. 활동자료 ②는 미디어를 소비자의 측면에서 분석해 보는 핵심 키워드를 담고 있다. 1장의 내용을 참고하면 된다. 《강아지똥》은 기독교아동문학상을 받은 작품이다. 기독교아동문학상은 기독교 정신을 잘 담은 문학에 주는 작품이다. 그러한 점에서 《강아지똥》 속에서 기독교 정신을 찾아보도록 지도한다. 활동자료 ②에 작성한 내용을 다시 생각해 본다. 기독교 아동문학이라는 것을 알고 책을 보았을 때와 그렇지 않았을 때, 작가가 전하고 싶은 내용이나 책 속에 담긴 가치 등이 매우 달라진다. 이는 이용자가 어떻게 받아들이는가 하는 측면과 작가가 책을 쓰는 목적에도 영향을 미친다. 이처럼 미디어는 어떤 모양의 그릇에 담기느냐에 따라서도 영향을 미칠 수 있다.
정리	· 미디어는 메시지다_1(형식) / 미디어는 메시지다_2(내용) · 정보를 찾을 때 이용하는 미디어 · 같은 미디어를 보더라도, 이용자의 지식과 경험에 따라 다르게 이해되고 영향 미침 · 책도 미디어이며, 미디어는 상업적 속성이 있음을 이해해야 함

	인쇄	영상	소리
미디어 특징			
차이점			
공통점			

	글 작가	그림 작가
작가 이름		
찾은 정보		
내가 검색한 미디어 (출처)		
친구가 이용한 미디어		

5개 핵심 키워드		분석(소비자 측면)
저자	**1. 누가 이 책을 썼는가?** (글 작가, 그림 작가, 작가 소개글, 작가 인터뷰 등 참고)	
형식	**2. 이 책은 나의 주목을 받기 위해 어떤 기법을 사용하고 있는가?** (제목, 그림 삽입, 만화 형식 등)	
내용	**3. 작가가 전하고 싶은 내용은 무엇일까?** (전자 서점 또는 작가 인터뷰 등을 참고로 책 속에 담긴 주제 찾기) **4. 책 속에 담긴 가치, 습관, 관점 또는 생략된 것 등은 없는가?** (저자 검색, 책 정보 검색 등을 통해 책에 담긴 가치 등 찾기)	
이용자 (독자)	**5. 이 책을 읽은 사람과 읽지 않은 사람은 어떻게 달리 이해할 것인가?** (책 속에서 말하는 주제나 담고 있는 가치 등에 대하여)	
목적	**6. 이 책은 왜 출간되었는가?** (책 정보 검색을 통해 책 출간 목적을 찾을 수 있음)	

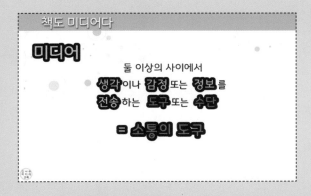

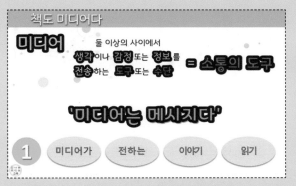

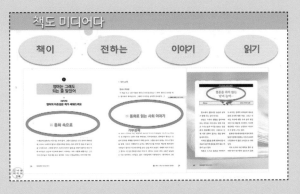

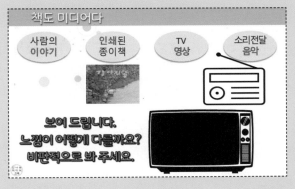

✎ 학습 도움말

5가지 핵심 키워드는 다음과 같이 생산자 측면에서도 생각해 볼 수 있다.

분석(소비자 측면)		제작(생산자 측면)
누가 이 책을 썼는가? (글 작가, 그림 작가, 작가 소개글, 작가 인터뷰 등 참고)	저자	**이 책을 쓰는 나는 누구인가?** (나의 배경, 환경, 관심, 내 주변의 이야기 등)
이 책은 나의 주목을 받기 위해 어떤 기법을 사용하고 있는가? (제목, 그림 삽입, 만화 형식 등)	형식	**내가 쓴 책이 가진 창의적 언어는 무엇인가?** (구어체, 설명체 등 미디어 문법에 대해 부가 설명 넣기 등)
작가가 전하고 싶은 내용은 무엇일까? (전자 서점 또는 작가 인터뷰 등을 참고로 책 속에 담긴 주제 찾기) **책 속에 담긴 가치, 습관, 관점 또는 생략된 것 등은 없는가?** (저자 검색, 책 정보 검색 등을 통해 책에 담긴 가치 등 찾기)	이용자 (독자)	**나의 메시지는 각기 다른 이용자들에게 어떻게 다가가서 반응하게 하는가?** (경험이 없는 사람들은 새로운 것을 알게 되는 도구로, 경험이 있는 사람들도 그들의 경험 외 다른 것이 있음을 알게 되는 설득적 역할을 하는 것이 가장 좋음)
이 책을 읽은 사람과 읽지 않은 사람은 어떻게 달리 이해할 것인가? (책 속에서 말하는 주제나 담고 있는 가치 등에 대하여)	내용	**내 책 속에는 어떤 가치, 습관, 관점을 담을 것인가? 또 무엇을 생략하고 설명할 것인가?** (내가 알고 있는 것과 독자가 알고 있는 것은 다르기에 선택이 중요함)
이 책은 왜 출간되었는가? (책 정보 검색을 통해 책 출간 목적을 찾을 수 있음)	목적	**내가 이 책을 통해 전하고자 하는 것은 무엇인가?** (독자에게 말하고자 하는 지식, 가치 등)

책을 분석적으로 읽는 사례는 《동화를 통한 자존감 이야기》를 참고해 보자. 15권의 동화를 바탕으로 책을 다양하게 읽는 방법을 소개하고 있다.

✎ 평가

· 수업 후 셀프 체크리스트(1:부족함, 2:보통, 3:잘함) – 학생용

평가 내용	상	중	하
'미디어는 메시지다'의 2가지 개념을 이해하였는가?			
'핵심 개념'을 바탕으로 책을 분석하며 읽을 수 있는가?			
책을 읽을 때 정보 검색이 필요한 이유를 말할 수 있는가?			

· 수업 후 셀프 체크리스트(1:부족함, 2:보통, 3:잘함) – 교사용

세부 내용	상	중	하
미디어를 메시지로 읽기 위해 노력하는 태도를 지니고 있는가?			
분석하며 읽기를 통해 비판적 읽기를 향상할 수 있는가?			
정보를 통해 책을 창의적으로 읽으려는 태도를 지녔는가?			

· 루브릭 평가

평가 요소	평가 내용	상	중	하
지식정보 처리 역량	지식과 경험을 바탕으로 메시지를 정리할 수 있다.			
창의적 사고 역량	경험을 바탕으로 새로운 정보를 찾아낼 수 있다.			
협력적 소통 역량	자기의 생각을 효과적으로 표현할 수 있다.			

생활기록부 작성 사례
'미디어는 메시지다'의 2가지 개념을 정확하게 이해하고, 책을 창의적이고 비판적으로 읽기 위해, 필요한 정보를 구체적으로 찾아서 제시함.

북 리터러시 2 - 북트레일러 만나기

✏️ 학습 목표(초등 중학년 이상)

북트레일러에 대해 이해하고, 책을 소개하는 방법을 설명할 수 있다.

(지식정보 처리 역량) 지식과 경험을 통해 북트레일러 유형을 분류할 수 있다.

(심미적 감성 역량) 다양한 북트레일러를 향유할 수 있다.

(협력적 소통 역량) 자신이 기획한 내용을 효과적으로 표현할 수 있다.

✏️ 미디어 리터러시 역량

(비판 역량) 정보 이해 및 평가

(향유 역량) 심미적 감상, 미디어 경험

✏️ 학습 절차

도입	**모둠 짓기** 4명이 한 모둠이 되도록 구성한다.
진행 1	**· 북트레일러는 책을 소개하는 예고편** 북트레일러는 책(book)과 예고편(trailer)의 합성어로 보통 새 책의 예고편을 의미한다. 지도Tip) 하지만 기존의 책을 홍보하기도 하고, 이를 통해 역주행하는 사례도 있다. **· 북트레일러 유형** - 정지 사진형: 직접 그린 그림이나 사진 활용 - 인터뷰형: 저자, 편집자, 독자, 유명인 등 인터뷰 - 문자 설명형: 문자 내레이션(narration) 중심 - 스토리 전개형: 극적 장면을 드라마나 영화처럼 촬영 - 애니메이션형: 애니메이션 기법을 활용 - 조합형: 여러 가지 유형을 조합

	· 북트레일러 작품 감상 북트레일러를 감상하고 활동자료 ①을 작성한다. 이 활동을 통해 나의 북트레일러를 상상할 수 있다. 출판사에서 제작한 북트레일러(교보문고 북뉴스 참고)를 감상한 후 네이버나 유튜브를 통해 다양한 사람들의 북트레일러를 만난다. 이때 영상으로 제작된 것 외에 정지 사진형 등 다양한 유형을 감상한다. 영상의 경우 화제가 된 북트레일러는 유명 작가의 작품이 많으므로 참고하여 감상함 인터뷰형:《모르는 여인들》(신경숙, 문학동네)-배우 유지태 출연 정지 사진형:《동화를 통한 자존감 이야기》(박점희 · 은효경, 글로벌콘텐츠)-이미지와 책 속 한 줄 구성 https://blog.naver.com/lib365/221577396573 **· 북트레일러 감상 나눔** 북트레일러 감상을 나누며, 나의 북트레일러에 필요한 것을 생각한다. 앞에서 작성한 활동자료 ①에 대해 이야기를 나누며, '진행 2'에서 하게 될 활동자료 ②에 대한 이야기도 함께 생각한다.
진행 2	**· 북트레일러 기획** 활동자료 ②를 바탕으로 북트레일러를 기획한다. 직접 검색을 통해, 활동자료 ②를 작성하며 북트레일러를 기획한다. 선정 도서 정보를 먼저 작성하고, 나의 북트레일러 기획을 작성한다. 이때 앞 차시의 '미디어로 분석하며 읽기'를 먼저 했다면 더 좋겠지만, 학습하지 않았다고 해도 활동자료 ②가 촘촘하게 구성되어 있으므로 학습하는 데 어려움이 없을 것이다. 다만 '미디어로 분석하며 읽기'를 진행하지 않았다면 북트레일러를 미디어의 특성과 연계하여 부가 설명이 필요하다. **· 나의 북트레일러 기획서 발표** 자신이 작성한 북트레일러 기획서를 발표하고, 친구들과 교사로부터 피드백을 듣는다. 한 사람 한 사람 모두 발표하기에 시간이 부족하다면 모둠 안에서 발표한다. 이때 발표자의 발표를 듣고 가장 좋은 부분에 대한 피드백이나 첨언 등 긍정적인 피드백을 통해 북트레일러의 내용을 더욱 풍성하게 한다. 단, 전체를 흔드는 부정적 피드백은 지양한다. **· 나의 북트레일러 기획서 수정** 피드백을 바탕으로 기획 내용을 수정한다.
정리	· 북트레일러의 개념 · 북트레일러의 유형과 유형별 작품 감상 · 미디어의 특성을 담은 북트레일러 기획 · 피드백으로 북트레일러를 풍성하게 만들기

	1	2	3	4
제목	《동화를 통한 자존감 이야기》			
미디어 형태	카드 뉴스 / 영상			
내용	《동화를 통한 자존감 이야기》에 나오는 글로 자존감을 이야기하고 있음			
느낌	전하고 싶은 이야기에 어울리는 이미지를 찾는 것이 중요함을 알게 됨			

	선정 도서 정보	나의 북트레일러 기획
제목	책의 제목	내가 만들 북트레일러의 제목
줄거리	책 속 줄거리	
작가 이력	작가의 이름, 특징, 환경, 가치 등	내가 만들 북트레일러의 방향을 고려하여 드러낼 정보 뽑아내기
작가 메시지	정보 검색을 통해 찾은 작가의 이야기	
배경	시대, 세계관 등	북트레일러에 담을 내용 재구성하기
주요 사건	책 속에 등장한 문제. 과정, 결말 등	
등장인물	인물의 성격, 특징, 환경, 가치 등	
인용 하고픈 문장	목차 중 이야기 순서, 책에서 중요하게 이야기 하는 것, 내가 인상 깊게 느낀 부분 등	
출처		

북 트레일러 만나기

트레일러란…

개념

🖉 영화를 개봉하기 전에 광고를 통해 영화의 주요한 내용을 관객에게 알리기 위한 목적으로 제작하는 2분 가량의 예고 영상물.

✋ 영화의 중요한 이미지와 내용을 하이라이트로 편집하여 영화에 대한 관람 의욕을 고취시키는 것을 목적으로 한다.

북 트레일러 만나기

북트레일러란…

개념

🖉 영화의 예고편을 가리키는 영화 트레일러에서 따온 말로, 새롭게 출간된 책을 소개하는 동영상을 뜻함

✋ 국내 출판사들의 영화 예고편 같은 북 트레일러와 저자 인터뷰 동영상 등이 예다.

북 트레일러 만나기

내가 북 트레일러 할 책에

기 〉 승 〉 전 〉 결

일어날 起   이어질 承   펼쳐질 轉   끝맺을 結
            뒤집힐 轉

출발 ▓▓▓▓▓▓▓▓▓▓▓▓▓▓ 100m

| 100m 달리기를 하게 됨 | 열심히 달리고 있음 | ① 가장 앞서감 ② 넘어짐 | 100m 달리기를 끝냄 |

북 트레일러 만나기

작가와 함께 읽기

- 1969년 제1회 기독교 아동 문학상 받음

권정생

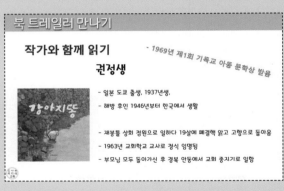

- 일본 도쿄 출생, 1937년생,
- 해방 후인 1946년부터 한국에서 생활
- 재봉틀 상회 점원으로 일하다 19살에 폐결핵 앓고 고향으로 돌아옴
- 1963년 교회학교 교사로 정식 임명됨
- 부모님 모두 돌아가신 후 경북 안동에서 교회 종지기로 일함

북 트레일러 만나기

북 트레일러 만나기

나의 북 트레일러 구성

• 책 소개를 위한 내용 정리 중 담을 부분은?
  - 저작권, 초상권 등 고려하기

• 책의 어떤 것에 관해 이야기 하고 싶은가?
  - 작가의 의도, 작가 인터뷰, 나의 관점 이야기
  - 인상 깊은, 재미있는, 나누고 싶은 이야기
  - 주제, 나의 관심, 인물 성격, 시대적 배경 이야기

• 이 책을 소개하는 이유는?
  - 이 책을 선정한 계기, 이유 등

•

✏️ 학습 도움말

1. 북트레일러 감상

이 수업은 북트레일러 제작을 위한 감상 활동이다. 그러므로 학생들과 관련 있는 도서의 북트레일러를 선정하고, 정지 사진형, 인터뷰형, 문자 설명형, 스토리 전개형, 애니메이션형, 조합형의 북트레일러를 골고루 보는 것이 좋다. 이때 지도자가 선정한 영상을 보거나, 각각의 모둠이 여러 가지 유형 중 한 가지를 선택하여 영상을 찾아 발표하고 함께 보도록 지도할 수도 있다.

2. 북트레일러 기획에서 도서 선정

북트레일러 기획에서 가장 중요한 것이 도서 선정이다. 책을 잘 읽지 않고 읽은 내용을 기억하지 못하는 학생들도 많다는 점에서 도서 선정은 쉽지 않다. 실제 수업에서 이를 해결할 방법으로 《동화를 통한 자존감 이야기》를 이용하였다. 이 책은 자존감이라는 주제로 15편의 동화를 소개하면서 결말을 뺀 간추린 내용, 저자 소개, 등장인물, 동화 속 사회, 자존감 관련 이야기, 미디어 속 이야기로 구성했다. 이 책을 15개의 조각으로 분철해서 그중 한 권을 선택하여 읽도록 제시하였다. 이때 읽었거나 관심이 가는 책을 선정할 수 있도록, 한 모둠에 6개 이상 넉넉히 제공하였다. 그런 다음 이 책의 이야기를 바탕으로 활동자료 ②를 구성하도록 지도하였다.

✎ 평가

· 수업 후 셀프 체크리스트 (1:부족함, 2:보통, 3:잘함) – 학생용

평가 내용	상	중	하
북트레일러의 개념을 이해하였는가?			
감상한 북트레일러를 유형별로 분류할 수 있는가?			
모둠의 북트레일러에 대한 기획 의도를 말할 수 있는가?			

· 수업 후 셀프 체크리스트 (1:부족함, 2:보통, 3:잘함) – 교사용

세부 내용	상	중	하
미디어를 메시지로 읽기 위해 노력하는 태도를 지니고 있는가?			
분석하며 읽기를 통해 비판적 읽기를 향상할 수 있는가?			
정보를 통해 책을 창의적으로 읽으려는 태도를 지녔는가?			

· 루브릭 평가

평가 요소	평가 내용	상	중	하
지식정보 처리 역량	지식과 경험을 바탕으로, 트레일러 유형을 분류할 수 있다.			
심미적 감성 역량	다양한 북트레일러를 향유할 수 있다.			
협력적 소통 역량	기획한 내용을 효과적으로 표현할 수 있다.			

생활기록부 작성 사례

북트레일러 감상을 유형별로 구분할 수 있으며, 각각의 특징을 바탕으로 자신이 선정한 도서에 대한 북트레일러 내용을 구체적으로 기획함.

북 리터러시 3 - 카드 뉴스형 북트레일러 제작

✏️ 학습 목표(초등 중학년 이상)

북트레일러 제작 경험을 통해, 미디어의 생산과 소비를 말할 수 있다.

(지식정보 처리 역량) 지식과 경험을 활용하여 북트레일러를 구성할 수 있다.

(창의적 사고 역량) 경험을 바탕으로 북트레일러를 생산할 수 있다.

(협력적 소통 역량) 북트레일러 생산 과정에서 자기의 생각과 감정을 효과적으로 표현할 수 있다.

✏️ 미디어 리터러시 역량

(생산 역량) 목적에 맞게 활용, 미디어 형식에 맞게 표현

(책임 역량) 저작권, 권리 침해, 안전한 이용

✏️ 학습 절차

도입	**모둠 짓기** 4명이 한 모둠이 되도록 구성한다.
진행 1	**· 카드 뉴스형**(정지 사진형) **북트레일러 만들기 소개** 카드 뉴스는 스마트폰의 대중화로 작은 화면에서 뉴스를 편리하게 볼 수 있도록 이미지와 텍스트로 재구성하여 보여주는 뉴스 형태이다. 텍스트만으로 된 일반 기사보다 가독성과 전파력이 뛰어나다. 지도Tip) 여기에서는 카드 뉴스형으로 제작한다. 또한 실제 수업에서 북트레일러에 얼마나 많은 시간을 배정하였는가에 따라 달라지는데, 시간이 길지 않다면 카드 뉴스형이 훨씬 효과적이다. **· 카드 뉴스형 북트레일러 구성_1** 활동자료 ①에 북트레일러에 담을 내용을 기승전결로 구성한다. 이때 카드는 제목을 포함하여 5장 이상 구성하고, 자신이 하고자 하는 이야기에 따라 다음 중 어느 형태로 구성하여도 좋다. 제목 - 기 - 승 - 전 - 결 제목 - 기 - 승 - 승 - 승 - 승

제목 - 기 - 승 - 승 - 전 - 결

제목 - 기 - 승 - 결 - 결 - 결

제목(기) - 승 - 승 - 전 - 전 - 결

제목(기) - 결 - 결 - 결 - 결 - 결

다양한 내용을 담은 카드 뉴스를 보면서 글의 구조를 설명하면 더욱 쉽다. '제목(기)'의 경우 북트레일러가 담고자 하는 일(주제)에 관해 제시할 수 있다. 활동자료 ①의 회색 글씨는 참고용이므로 따라 쓸 필요 없이 해당하는 내용을 작성하면 된다.

· 카드 뉴스형 북트레일러 구성_2

활동자료 ①의 이미지 아이디어 칸에 맥락에 맞는 이미지를 생각하여 글로 메모한다.

바로 그림을 그려도 좋지만, 작품의 완성보다 사고의 확장에 교육적 의미를 두고 맥락에 맞는 창의적인 표현을 할 수 있도록 지도한다.

진행 2	**· 북트레일러 제작** A3 또는 B4 종이를 6등분 또는 8등분으로 접어서 선을 만들고, 종이를 펼쳐서 북트레일러를 제작한다. B4는 6등분으로 접고, A3는 8등분을 해도 좋다. 이때 자신이 기획한 구성에 따라 6등분 또는 8등분을 정하되, 제목을 포함하여 5칸 또는 7칸만 제작해도 된다. **· 나의 북트레일러 발표** 자신이 작성한 북트레일러를 발표하고, 친구들과 교사로부터 북트레일러에 대한 긍정적 피드백을 듣는다. 한 사람 한 사람 모두 발표하기에 시간이 부족하다면 모둠 안에서 발표한다. 이때 발표자의 발표를 듣고 가장 좋은 부분에 대한 긍정적인 피드백으로 격려한다. 단, 부정적 피드백은 지양한다. **· 우리 모둠의 북트레일러 발표** 모둠에서 기획, 내용, 가치, 완성도 등 다양한 기준에서 한 개의 북트레일러를 선택하고, 전체를 대상으로 발표한다.
정리	· 카드 뉴스 개념 · 기 - 승 - 전 - 결의 이야기 구조 이해 · 글의 맥락에 어울리는 이미지 아이디어 · 나만의 북트레일러를 제작한 소감 발표

제목 / 기	기(일어날 起, 일이 일어남)
이미지 아이디어	이미지 아이디어
기 / 승	승(이어질 承, 일이 이어짐)
이미지 아이디어	이미지 아이디어
승 / 전	전(펼쳐질 轉, 뒤집힐 轉, 일이 펼쳐짐 또는 일이 뒤집힘)
이미지 아이디어	이미지 아이디어
전 / 결	결(끝맺을 結, 일이 끝맺음)
이미지 아이디어	이미지 아이디어

북 트레일러 제작

참고도서

- 이솝 우화 〈토끼와 거북〉
- 돼지책
- 가방 들어주는 아이
- 도서관
- 행복한 청소부
- 화요일의 두꺼비
- 늑대가 들려주는 아기돼지 삼형제
-
-
-

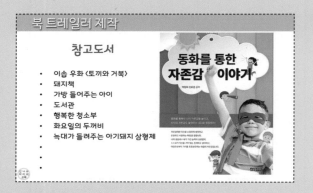

북 트레일러 제작

제목	기	승
카드뉴스 기본 구성	전	결

북 트레일러 제작

글과 그림 배치	글과 그림 반반 구성	전체 그림 속 글 넣기

북 트레일러 제작

글 작성 TIP	설명형	정리형

북 트레일러 제작

북 트레일러 제작

제목 나의 글 제목	기 저자 소개	승 책의 내용	승 책의 내용
엄마의 소중함을 알려준 [돼지책]	저자 앤서니 브라운 아저씨는…	돼지책은……	다음이 궁금하다면 책을 펼쳐보세요.
전 트레일러 이유	**전** 트레일러 이유	**결** 트레일러 결말	**결** 트레일러 결말
제가 여러분에게 이 책을 권하는 이유는……	*	여러분도 이 책의 이야기에 귀 기울여 보세요.	오늘은 엄마께 사랑한다고 이야기 해 드려야겠어요.

✏️ 학습 도움말

1. 북트레일러 수업을 위한 카드 뉴스 수업

이 수업은 북트레일러를 제작하는 활동으로, 카드 뉴스의 형태로 책을 소개하는 방법을 제시하고 있다. 이때 소홀하기 쉬운 것이 카드 뉴스를 만드는 과정이다. 이처럼 수업의 주제를 심도 있게 다루느라 활동 과정에 대한 자세한 안내가 부족한 예가 종종 발생하기도 한다. 사실 제대로 지도하지 않더라도 학생들은 비슷하게 생산하므로 중요하게 생각하지 않는 경우도 있다.

하지만 카드 뉴스도 구성 원리가 있다. 제목, 설명글, 이미지로 구성된 카드 뉴스는 한 장의 카드 안에서 이미지와 글의 비중이나 유형 등을 고려하여 작성하게 된다. 지도자는 이러한 수업을 원활하게 진행하기 위해, 뒤에서 소개하는 이미지 리터러시와 인포그래픽 등을 참고하면 학생들에게 더 유용한 피드백을 할 수 있다.

2. 디지털 미디어를 이용한 카드 뉴스 작성

최근 학교마다 크롬북이나 태블릿 PC가 지원되면서 디지털 미디어를 이용하여 카드 뉴스를 제작하기도 한다. 특히 미리 캔버스나 망고보드와 같은 디지털 프로그램을 이용하면 멋진 작품을 제작할 수 있다. 그러나 디지털 미디어에 능숙하지 못한 학생들은 1시간 안에 제작하기 어렵고, 한장 한장에 심혈을 기울이는 학생 역시 1시간 안에 완성하기 어렵다. 그래서 디지털 미디어로 제작할 시간이 충분한 수업이 아니라면, A3나 B4 크기의 종이에 직접 작성하도록 지도하는 것이 좋으며, 이때 글을 먼저 작성하여 내용을 완성한 후 이미지를 그리도록 지도한다.

✏️ 평가

· **루브릭 평가**

평가 요소	평가 내용	상	중	하
지식정보 처리 역량	지식과 경험을 바탕으로 융합적 사고를 할 수 있다.			
창의적 사고 역량	경험을 바탕으로 북트레일러를 제작할 수 있다.			
협력적 소통 역량	자기의 생각을 효과적으로 표현할 수 있다.			

생활기록부 작성 사례

북트레일러의 개념을 이해하고, 책의 내용과 작가의 메시지를 구체적으로 읽어내고, 북트레일러를 독자가 쉽게 이해할 수 있는 언어로 제작함.

2 뉴스, 세상을 바로 보는 창, 나를 보는 거울

"뉴스는 어렵고, 따분하고, 지루해요. 신나는 게임도 있고, 웹툰, 영상 같은 즐거운 볼거리도 많은데, 뉴스를 꼭 봐야 해요?"

교육 현장에서 특히 청소년 교육을 진행할 때 많이 듣는 의견이다. 이런 청소년들에게 즐거운 뉴스 리터러시를 진행하기 위해서는 지도자의 준비가 중요하다. 뉴스를 읽기 어려워하고 힘들어하는 학생들을 위하여 흥미 있고 재미있는 수업을 준비할 필요가 있다. 하지만 재미를 강조하다 본래 교육의 목적을 잊지 말아야 한다. 뉴스에 대한 접근, 이해, 창작, 참여, 윤리에 대한 교육이 재미와 조화를 이루어야 한다.

종이 신문이 배달되던 시절에 신문 뉴스의 주 독자층은 중장년층 남성들이었다. 인터넷으로 온라인 세상이 되면서 뉴스는 네트워크망을 타고 남녀노소 누구나 주 독자층이 될 수 있을 것 같았는데, 수많은 콘텐츠 물결 속에서 여전히 남녀노소 모두 관심을 두기는 쉽지 않다. 그럼에도 불구하고 교육 현장에서는 '미디어 리터러시' 영역 안에서 '뉴스 리터러시'를 중심에 놓고자 하는 시도가 많다. 다른 미디어에 비하여 '뉴스'는 교육 대상에게 학습적 요소가 있으며, 세상 돌아가는 이야기와 새로운 정보를 얻는 중요한 창이라는 공감대가 있기 때문이다.

뉴스의 어원을 살펴보면 동서남북 사방에서 일어난 새로운 소식을 전해 주는 것이라는 설이 있다. 북(North), 동(East), 서(West), 남(South)에서 머리글자를 따서 뉴스(NEWS)가 되었다는 것이다. 다른 의견으로 새로운 것을 뜻하는 프랑스의 고어 'noveles' 또는 중세 라틴어 'noba'에서 유래했다는 설도 있다.

우리나라에서는 최초의 근대신문으로 1883년 10월 31일에 순 한문으로 10일에 1회 발행되는 〈한성순보〉가 창간되었다. 서재필의 〈독립신문〉은 1896년 4월 7일에 창간된 한글 전용의 격일간으로 주 3회 발행되었는데 국민계몽과 개화운동의 상징이라고 볼 수 있다.

신문의 역사를 살펴보면 많은 사람들에게 소식을 전하는 매체로 영향력이 확대될수록 일반 대중의 목소리를 높여 여론을 형성하는 데 이바지했다.

일간지로 배달되었던 신문과 달리 '호외'를 발행하여 거리를 다니며 뿌리는 장면은 영화 속에서도 볼 수 있다. 오늘날과 같은 인터넷이 없던 시대에 정기간행물이 아닌 특별한 소식을 전하는 방법이었다. 이런 호외에 사람들이 몰려서 소식지를 읽는 모습에서 일반 대중에게 뉴스가 전달된다는 것의 중요한 의미를 엿볼 수 있다.

뉴스 리터러시의 필요성

다양한 미디어의 확산으로 정확한 정보 습득이 어려워지는 가운데 뉴스 리터러시가 더욱 주목받고 있다. 뉴스를 기자가 취재하여 게이트키핑(Gate Keeping, 뉴스를 취사 선택하는 것) 기능이 있는 언론사가 작성 배부하던 시기를 지나 누구나 뉴스의 형식을 취하여 소식을 전할 수 있다. 그렇기 때문에 1인 미디어 시대에 뉴스의 형식으로 포장하여 정보를 제작하고 과장하고 왜곡하는 경우가 많다. 이런 정보에 주의를 기울이

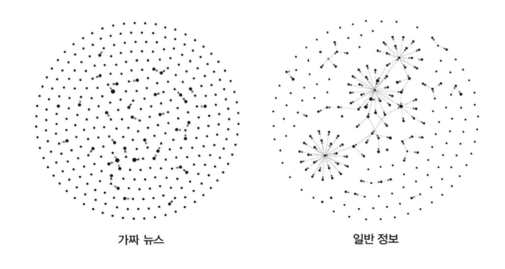

가짜 뉴스　　　　　　　　　　일반 정보

가짜 뉴스(허위 조작 정보)와 일반 정보가 전파되는 패턴.
점은 트위터 사용자, 점을 연결한 선은 리트윗을 의미

지 않고 그대로 받아들인다면 수많은 허위 조작 정보를 사실과 진실로 믿게 된다. 이렇게 받아들인 정보를 주변 사람들에게 공유하면서 사회에 허위 조작 정보의 확산 속도가 빨라지는 것이다.

청소년들은 하루 한 번 종이 신문을 받아보던 세대와는 달리, 인터넷이나 휴대전화로 정보를 접하는데 그중 뉴스가 차지하는 비중은 크지 않다. SNS를 통해 언론기관의 뉴스를 퍼 나른 것, 각색한 것, 변형된 뉴스를 접하는 경우도 많다. 뉴스를 전달하는 플랫폼의 등장으로 기존 언론사의 역할은 줄어든 반면, 새로운 뉴스 미디어 플랫폼이 다양하게 제작한 뉴스 큐레이션이 증가하고 있다. 소비자에게 뉴스의 왜곡과 허위 조작한 뉴스를 가려내는 역량이 필요한 시기다. 유익한 정보를 얻는 것만큼 가짜 정보를 걸러내는 것도 뉴스 리터러시에서 다루어야 할 부분이다. 학습 대상에 따라 학습자료 및 활동자료의 어휘에 대하여 지도자의 풀이 설명이 필요할 수 있다.

참고 자료

- 김병희, 〈포털의 검색 알고리즘 개발에서 기사 어뷰징 방지를 위한 영향요인 탐색〉, 커뮤니케이션 이론, 2015.
- 옥현진·서수현, 〈우리나라 초등학생의 뉴스 리터러시 특성 분석—학년, 성별, 지역, 포털 이용 행태를 중심으로〉, 한국초등국어교육학회, 2022.
- 유신복, 〈중학생의 미디어 레퍼토리 유형화에 따른 뉴스 리터러시 및 사회적 참여의 차이〉, 한국청소년연구, 2020.
- 박점희·은효경, 《보드게임, 교육과 만나다》, 애플북스
- 박점희, 《미디어 리터러시 보드게임북》, 애플북스
- 〈뉴스 리터러시 교육 1, 2〉, 한국언론진흥재단
- 1977년 설립된 미국 미디어 리터러시 비영리 교육기관 CML(Center for Media Literacy)의 '미디어 리터러시 방법론 5가지 질문', 77-78.
- Kwon. S, Cha. M 2017 스켑틱 18호

뉴스 리터러시 1 - 세상을 바로 보는 창

🖊 학습 목표(초등 고학년 이상)

뉴스의 개념과 뉴스의 필요성, 뉴스의 가치 판단 기준에 대하여 설명하고, 뉴스에 대한 이해와 뉴스 저널리즘 원칙을 점검할 수 있다.

(지식정보 처리 역량) 다양한 소식을 접하면서 무엇이 뉴스이고, 가치 있는 뉴스인지 판단할 수 있다.

(공동체 역량) 뉴스의 가치 판단 활동을 통하여 뉴스의 사회적 영향을 설명할 수 있다.

(협력적 소통 역량) 사회적 관심 뉴스를 통하여 갈등 상황을 해결할 방법을 찾을 수 있다.

🖊 미디어 리터러시 역량

(접근 역량) 정보 검색

(비판적 역량) 정보의 이해, 정보의 분석, 창의적 생산

🖊 학습 절차

도입	**무엇이 뉴스인가?** - 개인적으로 들은 것, 사회적 뉴스, 무엇이든 가능 빈 카드 한 장에 하나의 소식(뉴스)을 간략한 설명과 함께 적어서 1인당 3장씩 제출하여 모둠별로 모아본다. 카드에 쓰인 것을 '뉴스/뉴스 아님'으로 분류해 보기
진행 1	**· 무엇이 가치 있는 뉴스인가?** 뉴스 찾아보기, 언론사의 뉴스 가치 판단 기준은 무엇일까? 지도Tip) 최근에 종이 신문을 보는 경우는 찾아보기 어렵다. 수업에서 필요하다면 지도자가 신문을 준비하거나 온라인에서 찾도록 한다. 온라인에서 어떤 경로로 뉴스를 접하는지 이야기를 들어본다. 광고 없이 뉴스를 볼 수 있는 한국언론진흥재단의 빅카인즈(https://www.bigkinds.or.kr/)의 메뉴를 같이 둘러보고, 뉴스 검색 방법, 분석 뉴스 보기 등의 활동을 같이 한 후에 학생들이 뉴스를 선택하여

	보도록 한다. 빅카인즈의 뉴스가 어려운 학생들에게는 〈어린이동아〉, 〈소년조선일보〉, 〈소년한국일보〉를 안내한다. 언론사의 뉴스 가치 판단 기준 6가지를 소개한다. 6개의 기준에 맞는 뉴스를 모둠별로 선정한다. - 기사를 읽고 내용 요약하기(모둠 활동) 뉴스 읽기 방법은 구체적으로 소개하고 한 꼭지의 기사를 같이 읽으며 낯선 어휘에 O 표, 중요하다고 생각하는 내용에 밑줄을 긋도록 한다. 낯선 어휘를 찾아 의미를 알고, 밑줄 그은 내용을 바탕으로 줄거리를 요약하도록 지도한다. - 다른 모둠이 선정한 뉴스 돌려보기 모둠별 돌려 읽기를 할 때, 칭찬 스티커 붙여주기를 하여 다른 모둠의 뉴스 선정에 대한 관심을 높인다.
진행 2	· **뉴스를 보는 눈**(경성 뉴스, 연성 뉴스, 낚시성 뉴스) - 각자 즐겨 보는 뉴스 꼭지 선정하기 - 경성 뉴스, 연성 뉴스, 낚시성 뉴스에 대하여 설명을 들은 후 선택한 뉴스가 어디에 해당하는지 알아본다. '경성', '연성'이라는 어휘가 낯설고 어려울 수 있으나 개념을 풀어 설명하면 이해하기 어렵지 않다. 학생들 연령과 수준에 따라 용어보다 의미에 주목하여 설명하도록 한다. - 위의 뉴스가 미치는 영향에 대하여 이야기 나누기 학교별로 태블릿 활용이 가능한 경우가 많다. '진행 1', '진행 2' 모두 태블릿 사용, 패들렛(https://padlet.com/)을 활용하는 것도 효과적임. 패들렛 사용에 대하여(《과목별 블렌디드 러닝 실전 가이드북》, 박정희 외, 애플북스) 활용. - 낚시성 뉴스 이해하기 경성 뉴스, 연성 뉴스 수업을 진행하면 낚시성 뉴스에 대한 것은 깊이 있게 진행하기 어려울 수 있다. 수업자료 파워포인트를 활용하여 지도자가 스토리텔링하여 전달하면 좋다. 낚시성 뉴스의 최근 기사를 몇 꼭지 찾아 보여준다. 학생들과 교육 환경 상황에 따라 경성 뉴스, 연성 뉴스보다 낚시성 뉴스를 찾는 수업을 주 수업으로 변경하여 진행하는 것도 추천한다.
정리	- 뉴스의 가치 판단 기준에 대하여 정리한다. - 소비자의 뉴스 선택이 사회에 미치는 영향에 대하여 정리한다. 뉴스 소비자 다수가 연성 뉴스에 대한 구독에 치우친다면 시청률에 민감한 언론사(방송사)의 연성 뉴스 보도 분량이 더 증가할 것이다. 이는 상대적으로 공적인 부문에서 우리가 봐야 할 뉴스의 분량이 줄어들 수 있다는 것, 그에 따라 발생할 수 있는 부정적 영향에 대하여 생각할 수 있도록 지도한다.

뉴스 읽기

뉴스의 어원

1) 동서남북 모든 방향에서 일어나는 새로운 일을 전해 주는 것

North East West South

2) 새로운 것을 뜻하는 프랑스 고어 noveles, 중세 라틴어 nova에서 유래

new + s (new things)

뉴스 읽기

뉴스의 핵심 조건

공공의 관심사 — 많은 사람들의 관심을 끌만한 것인가?

뉴스의 핵심 조건

시의성 — 현재의 상황에 맞는가? 최근의 뉴스인가?

미디어 — 미디어를 통해서 사람들에게 전달되고 있는가?

뉴스의 사회적 기능

- 상관조정기능
- 환경감시기능
- 권력감시기능
- 사회통합기능
- 오락기능

뉴스 읽기

언론사의 뉴스 가치 판단 기준

시의성	최근 발생한 사건
영향성	영향 받는 사람이 많거나 영향력이 큰 사건
저명성	사건 당사자가 유명한 사건
갈등성	대립과 갈등의 요소가 많은 사건
근접성	지리,정치,문화적으로 가까운 곳의 사건
신기성	평범하지 않은 사건

뉴스 읽기

<실습> 뉴스 가치 판단 활동

활동1> 다음 가치에 해당하는 기사 찾기
(활동자료1 이용)

시의성 기사	유명성 기사	근접성 기사	영향성 기사	갈등성 기사	신기성 기사
제목:	제목:	제목:	제목:	제목:	제목:
신문이름:	신문이름:	신문이름:	신문이름:	신문이름:	신문이름:
신문날짜:	신문날짜:	신문날짜:	신문날짜:	신문날짜:	신문날짜:
내용 요약:	내용 요약:	내용 요약:	내용 요약:	내용 요약:	내용 요약:
중요한 이유	중요한 이유	중요한 이유	중요한 이유	중요한 이유	중요한 이유
두 가지:	두 가지:	두 가지:	두 가지:	두 가지:	두 가지:

뉴스 읽기

경성뉴스 / 연성뉴스

NEWS

- 경성뉴스
  정치, 경제 등의 공적인 부문에서 영향력 가지는 뉴스, 대형 사건, 사고 등으로 오랜 동안 지속적인 영향력

NEWS

- 연성 뉴스
  객관적 정보 전달 목적의 뉴스가 일반 소비자 취향에 맞추어 오락적인 성격이 강한 것

뉴스 읽기

낚시성 뉴스

- 낚시성 뉴스의 문제점
  - 사건의 전체보다는 특정 흥미로운 부분만 부각시킨다.
  - 제대로 뉴스에서 정보를 얻을 수 없다.
  - 소비자의 판단을 흐리게 한다.
- 낚시성 뉴스 피해 받지 않기 위한 해결책
  - 흥미로운 기사, 자극적인 기사 주의 기울이기
  - 여러곳의 언론사들 기사 비교 분석하기
  - 확인되지 않은 뉴스에 대한 내용 공유 주의하기
  - 공신력 확인되지 않는 매체나 1인 매체의 뉴스 주의하기

뉴스 읽기

<실습> 보고 싶은 뉴스 vs 봐야 할 뉴스

활동2> 최근 이슈 중, 친구들이 보고 싶어 할 뉴스, 봐야 할 뉴스를 선정하여 소개하기 (활동자료2 에 기록)

활동3> 연성 뉴스 소비가 지나치게 높을 때, 어떤 현상이 발생할까요? (모둠 활동)

1. 언론사(방송사)에 따라서 선택되는 뉴스의 가치 기준 6가지(시의성, 유명성, 근접성, 영향성, 갈등성, 신기성)를 알았나요? 모둠원과 협업하여 6가지 가치 기준에 맞는 기사를 선정해 봅시다. 선정된 기사의 내용을 요약하고 중요하다고 생각한 이유를 2가지 이상 써봅시다.

시의성 기사

제목:

신문 이름:

신문 날짜:

내용 요약:

중요한 이유 2가지:

유명성 기사

제목:

신문 이름:

신문 날짜:

내용 요약:

중요한 이유 2가지 :

근접성 기사

제목:

신문 이름:

신문 날짜:

내용 요약:

중요한 이유 2가지:

영향성 기사

제목:

신문 이름:

신문 날짜:

내용 요약:

중요한 이유 2가지:

갈등성 기사

제목:

신문 이름:

신문 날짜:

내용 요약:

중요한 이유 2가지:

신기성 기사

제목:

신문 이름:

신문 날짜:

내용 요약:

중요한 이유 2가지:

1. 최근 이슈 중 친구들이 보고 싶어 할 뉴스, 봐야 할 뉴스를 한 꼭지씩 선정해 봅시다.

	보고 싶어 할 뉴스	봐야 할 뉴스
제목		
신문 날짜 신문 이름		
간략한 기사 내용		
이유		

2. 여러분이 선택한 뉴스가 경성 뉴스, 연성 뉴스 중 어떤 것인지 분류해 봅시다.

   경성 뉴스 : 정치, 경제 등 공적인 부문에서 영향력 있는 뉴스

   연성 뉴스 : 객관적 정보 전달 목적의 일반 소비자 취향에 맞춰 오락적인 성격이 강한 것

3. 뉴스 소비자들의 연성 뉴스에 대한 관심과 소비가 높을 때, 어떤 현상이 발생할지 의견을 모아봅시다.

✏️ 학습 도움말

1. 학생 스스로 뉴스를 분별해서 보게 한다.

뉴스 리터러시 첫 수업부터 뉴스 전반에 대하여 알려주려는 욕심을 부리면 지루하고 어려울 수 있다. 또한 지도자 주도로 진행하거나 답을 정해 놓은 수업은 뉴스 읽기의 분별력을 키워줄 수 없다. 뉴스의 개념과 뉴스의 필요성, 뉴스의 가치 등도 모두 중요하지만, 그 모든 것을 한 번의 수업으로 진행할 수 없다. 학생들에게 주입하지 않고, 적은 양의 내용을 학습하더라도 궁극적으로 학습자가 뉴스의 중요성을 인식하고, 뉴스를 능동적으로 읽고, 가치를 판단하는 분별력을 키울 수 있도록 내면화에 힘써야 한다.

2. 뉴스의 가치도 고정된 것은 아니다.

뉴스 리터러시 수업에서 흔히 가치 판단 기준으로 시의성, 영향성, 유명성, 갈등성, 근접성, 신기성 등이 정답처럼 제시되고 있다. 하지만 그 외에 학습자의 지역이나 특성에 따라 뉴스의 가치 판단 기준은 더 다양하게 제시될 수 있다.(박점희,《미디어 리터러시 보드게임북》의 '뉴스 가치 지수 게임'(p.67) 참고)

3. 경성 뉴스와 연성 뉴스를 이분법적으로 나누는 것은 어렵다.

정치 뉴스라 하여 모두 경성 뉴스는 아니며 연예 관련 뉴스라 해서 모두 연성 뉴스는 아니다. 뉴스의 내용과 다루어지는 방향에 따라 달라질 수 있다는 것을 염두에 두고 진행해야 한다. 구독과 시청률을 의식하는 언론사(방송사)는 연성 뉴스에 대한 독자들의 관심이 높아질수록 관련 뉴스 분량이 많아질 수 있다.

✏️ 평가

· 수업 후 셀프 체크리스트(1:부족함, 2:보통, 3:잘함) – 학생용

평가 내용	상	중	하
뉴스의 핵심 조건에 대하여 이해했는가?			
언론사의 뉴스 가치 판단 기준 6가지에 대하여 알고 있는가?			
뉴스 소비가 사회에 미치는 영향에 대하여 말할 수 있는가?			

· 수업 후 셀프 체크리스트(1:부족함, 2:보통, 3:잘함) – 교사용

세부 내용	상	중	하
이 수업은 뉴스를 이해하는 데 도움이 되는가?			
이 수업은 어떤 긍정적인 결과를 가져다주는가?			
이 수업에 대한 관심을 갖도록 구성되었는가?			

· 루브릭 평가

평가 요소	평가 내용	상	중	하
지식정보 처리 역량	뉴스의 핵심 조건에 대하여 이해할 수 있다.			
공동체 역량	뉴스의 가치 판단 기준을 설명할 수 있다.			
협력적 소통 역량	뉴스 소비가 사회에 미치는 영향에 대하여 말할 수 있다.			

생활기록부 작성 사례
뉴스의 핵심 조건과 가치 판단 기준을 이해하고 이를 바탕으로 뉴스를 취사 선택하여 읽고 내용을 요약할 수 있음. 연성 뉴스와 경성 뉴스를 구분하여 뉴스의 소비가 사회에 미치는 영향에 대하여 구체적으로 이야기할 수 있음.

뉴스 리터러시 2 – 생산자 & 소비자(누가 만들고 보는가?)

✎ 학습 목표(초등 고학년 이상)

뉴스 생태계의 구조를 이해하고 뉴스 생비자로서 뉴스의 핵심 개념 및 분석 질문들에 따라 뉴스 읽기를 할 수 있다.

(지식정보 처리 역량) 뉴스의 생산자와 소비자 측면에서 분석 질문에 따라 뉴스를 볼 수 있다.

(공동체 역량) 뉴스의 분석 질문을 바탕으로 뉴스에 대한 분석 결과를 공유할 수 있다.

(협력적 소통 역량) 뉴스를 통하여 사회에 어떤 논의가 이루어질 수 있는지 정리할 수 있다.

✎ 미디어 리터러시 역량

(비판적 이해 역량) 정보 판별 능력

(참여 역량) 공유 네트워킹 능력, 시민적 실천과 참여

✎ 학습 절차(초등 고학년 이상)

도입	**뉴스 생비자(개별 / 모둠별)** - 뉴스 소비자로서 최근에 본 뉴스 모으기 - 뉴스 생산자로서 뉴스를 쓴다면 어떤 주제로 정할까? 지도Tip) 뉴스의 생산자와 소비자를 생비자라고 표현한다. 학생들이 최근에 본 뉴스가 없다면, 한두 명이 최근에 본 뉴스를 대표적으로 설명하고 넘어갈 수 있다.
진행 1	**·뉴스 소비자의 눈** - 모둠별로 뉴스 한 꼭지를 선정하기 뉴스 분석에 필요한 기사를 몇 꼭지 준비하여 모둠별로 선택하는 것도 좋다. - 뉴스 분별 카드를 놓고 뉴스에 대하여 질문한 것을 포스트잇에 작성하여 모아보기(CML 제공 질문 - PPT 카드 이용) - 뉴스 생비자는 왜 이런 질문을 해야 하는지 이야기 나누고 정리하기

	게이트키핑 기능이 있는 일반 언론사의 기자만 뉴스를 작성하던 시대는 이제 끝났다. 1인 미디어 시대, 일반인 누구라도 원하면 기사를 작성하여 다양한 온라인 플랫폼에 올릴 수 있다. 그래서 뉴스의 소비자 입장에서 좀 더 구체적이고 정확하게 분별적으로 보는 뉴스 리터러시 역량이 필요하다.
진행 2	**· 뉴스 생산자의 눈** - 전하고 싶은 주제 선정하여 뉴스 작성하기(스트레이트 뉴스) - 기사문 작성 조건에 맞게 기사 작성하기 - 내가 작성한 뉴스로 '생산자'의 핵심 질문에 대한 발표하기(CML 제공 질문 -PPT 카드 이용) - 뉴스 생산자는 왜 이런 질문을 해야 하는지 이야기 나누고 정리하기
정리	뉴스 생산자와 소비자의 무분별한 뉴스 생산과 소비를 막기 위한 분별적 질문에 대한 필요성을 스스로 정리하도록 한다.

뉴스 분석 / CML

CML의 미디어 리터러시 다섯가지 주요 질문 번역 : 이은경

소비자 측면	핵심 개념	생산자 측면
누가 이 메시지를 만들었는가?	모든 미디어 메시지는 구성된다(만들어진다).	내가 쓰고 있는 게 무엇인가?
내 관심을 끌기 위해 어떤 창의적인 기법이 사용되었는가?	미디어 메시지는 자체 규칙이 있는 창의적인 언어를 사용하여 구성된다.	내 메시지는 형식, 창의성 및 기술에 대한 이해를 반영하는가?
사람들이 내 동일한 메시지를 보고 어떻게 다르게 이해할 수 있을까?	같은 미디어 메시지라도 사람에 따라 다르게 받아들인다.	내 메시지가 타겟 청중에게 매력적이고 설득력이 있는가?
메시지에서 생략되거나 표현된 가치, 라이프스타일 및 관점은 무엇인가?	미디어에는 내재된 가치와 관점이 있다.	콘텐츠에서 가치, 라이프 스타일 및 관점을 명확하고 일관되게 구성했는가?
왜 이 메시지가 보내졌는가?	대부분의 미디어 메시지는 이득이나 권력을 취하기 위해 만들어진다.	내 목적을 효과적으로 전달했는가?

저자 authorship	저자 authorship	저자 authorship	저자 authorship
이 신문사는 공정한가? 중립적인 언론사인가?	전문성과 신뢰성은 있는가?	기사는 어떤 요소들로 구성되어 있는가?	같은 기사의 인터넷판과 어떤 차이가 있는가?
형식 제작기법 format 기사 어휘는 이해할 수 있는가? 보완할 점은 무엇인가?	형식 제작기법 format 기사가 어떤 흐름으로 작성되었는가?	형식 제작기법 format 헤드라인의 주장을 설명하기 위한 설득력 있는 장치, 기법을 활용하는가?	형식 제작기법 format 기사를 진짜 사실처럼 보이게 하는 요소는 무엇인가?

목적 Purpose motive	목적 Purpose motive	목적 Purpose motive	목적 Purpose motive
왜 이 기사를 썼다고 생각하는가? 동기는 무엇인가?	어떤 환경,맥락에서 기사가 나왔는가? 국내외 환경을 조사해서 설명해 보면?	이 기사를 통해 이익이나 혜택을 보는 사람은 무엇인가?	이 메시지의 제작과 배포를 통제하는 사람은 누구인가?
내용 메시지 message 어떤 유형의 독자를 대상으로 하는가? 어떤 가치관, 메시지가 들어 있는가?	내용 메시지 message 어떤 관점과 아이디어가 빠져 있는가? 보완 방법은 무엇인가?	내용 메시지 Message 이 기사에서 사실과 의견을 구분해보면?	내용 메시지 message 어느 한쪽으로 치우쳐 있는가? 어떤 방식으로 편향성을 보여주는가?

수용자 Audience/ reader	수용자 Audience/ reader	수용자 Audience/ reader	수용자 Audience/ reader
기사를 읽고 처음 떠오른 생각과 이유는?	친구들은 어떻게 반응 하는가? 반응의 이유는 무엇인가?	이런 경험을 해본적이 있는가? 얼마나 유사한가?	이 기사로부터 배우고 깨달은 것은 무엇인가?
수용자 Audience/ reader 전문가들은 이 기사에 대해 무엇이라고 이야기하는가?			

뉴스 분석 (소비자)

> **<실습> CML 분석 카드, 뉴스 분석하기**
>
> 활동1> 뉴스 한 꼭지 선정하여 CML 카드의 질문에 답해보기 (활동자료1 이용)
>
> 활동2> 뉴스 소비자는 왜 이런 질문을 해야 할까? CML 질문의 목적은 무엇인지 토의하기 (전지이용)

뉴스 분석 / 생산자

보도 뉴스의 일반적인 구조

표제 / 리드 문장 / 전문 / 바이라인 (기사 작성자)

뉴스 분석 / 생산자

기사문 작성하기

- 뉴스의 가치가 있는 사건이나 소식을 찾아 주제 선정하기
- 육하원칙에 맞추어 사건 정리하기
- 어떤 형식의 기사문을 작성할 것인가?
  (1) 스트레이트 기사(보도 기사)로 작성시
  - '나'의 개인적 의견이 아닌 객관적인 입장에서 작성하기
  (2) 오피니언의 입장에서 칼럼의 형식으로 작성시
  - 논설문(주장글) 형식으로 작성하기

뉴스 읽기

> **<실습> 보고 싶은 뉴스 VS 봐야 할 뉴스**
>
> 활동2> 최근 이슈 중, 친구들이 보고 싶어 할 뉴스, 봐야 할 뉴스를 선정하여 소개하기 (활동자료2 에 기록)
>
> 활동3> 연성 뉴스 소비가 지나치게 높을 때, 어떤 현상이 발생할까요? (모둠 활동)

1. 모둠에서 뉴스 한 꼭지를 선정하여 뉴스 분별 카드를 놓고 질문한 것에 대하여 포스트잇에 작성해 봅시다.(PPT 의 분별 카드 보기)

2. 뉴스 소비자는 왜 이런 질문을 해야 할까? CML 질문의 목적은 무엇인지 모둠 토의 활동 후 발표해 봅시다.

1. 기사를 작성해 봅시다.(기사 작성 방법은 파워포인트 참고)

2. 뉴스 생산자의 핵심 질문 카드를 놓고 여러분이 작성한 뉴스를 분석해 봅시다.(이에 대한 의견을 모둠원 중 한 명이 기록 작성, 핵심 질문 카드 파워포인트 참고)

✏️ 학습 도움말

1. CML의 핵심 질문

CML은 1977년 설립된 미국의 리터러시 전문 교육기관으로 매체의 소비자와 생산자를 위한 핵심 개념과 주요 질문들을 분석하였다. 그 핵심 질문을 바탕으로 뉴스 생산자와 소비자의 입장에서 각각 뉴스를 분석하는 과정이 필요하다. 이를 통하여 뉴스를 분별적으로 보는 경험을 학습자 스스로 하는 것이 중요하다.

2. 보도 뉴스 기사 작성

보도 뉴스의 형태로 역피라미드형, 피라미드형, 혼합형, 내러티브형을 설명하고 학습자가 작성한 기사가 어느 형태인지, 어떤 형태가 더 잘 전달되는지 이야기하도록 한다. 뉴스는 표제, 부제, 전문, 본문, 바이라인(by-line, 기자의 이름을 밝힌 줄)이 일반적인 구조이나 최근에는 감성적이고 자유로운 구조의 뉴스도 있다는 것을 알려준다.

3. 뉴스 작성

뉴스는 지루하고 따분하다는 인식을 줄 수 있으므로 카드로 제작하여 입체적인 모둠 활동으로 분석하는 것이 좋다. CML의 핵심 질문에 대하여 수동적으로 받아들이는 것이 아니라 이런 질문들이 나온 이유와 타당성을 생각해 보도록 한다. 또한 핵심 질문 외에 더 필요한 질문과 점검 항목들이 있는지 의견을 모아본다. 뉴스 리터러시 교육에서 중요한 것은 학생들이 주체적인 생산자로서 책임을 다하고, 분별적인 소비자로서 수용할 수 있도록 하는 것이다.

✏️ 평가

· **수업 후 셀프 체크리스트**(1:부족함, 2:보통, 3:잘함) – 학생용

평가 내용	상	중	하
CML의 미디어 리터러시 5가지 주요 질문에 대하여 이해했는가?			
CML의 미디어 리터러시 생산자와 소비자 측면의 주요 질문에 대하여 이해했는가?			
보도 뉴스의 구조에 대하여 알고 기사를 작성할 수 있는가?			

· **수업 후 셀프 체크리스트**(1:부족함, 2:보통, 3:잘함) – 교사용

세부 내용	상	중	하
CML의 5가지 질문을 이해하는 데 도움을 주었는가?			
CML의 질문 의도를 학생들이 스스로 파악하도록 이끌었는가?			
CML 분석을 위한 기사 작성을 쉽게 이해하도록 진행했는가?			

· **루브릭 평가**

평가 요소	평가 내용	상	중	하
지식정보 처리 역량	뉴스를 보며 CML 분석 질문에 답할 수 있다.			
공동체 역량	공동체에 필요한 기사를 작성할 수 있다.			
협력적 소통 역량	뉴스의 분석 결과를 공유할 수 있다.			

생활기록부 작성 사례
CML 분석 질문은 뉴스의 생산자와 소비자의 입장에서 각각 주요 질문 5가지를 던지고 있음. 이를 카드로 만들어 뉴스를 읽고 분석하는 데 적용할 수 있음.

뉴스 리터러시 3 – 뉴스의 범람, 허위 조작 뉴스 골라내기가 쉬울까?

✏️ 학습 목표(초등 고학년 이상)

허위 조작 뉴스가 만들어지는 배경과 사회에 미치는 영향을 이해하고, 활동을 통하여 가짜 뉴스를 판단하는 방법을 제시할 수 있다.

(지식정보 처리 역량) 다양한 소식을 접하면서 뉴스의 사실 여부를 판단할 수 있다.

(공동체 역량) 허위 조작 뉴스를 찾아보고, 사회적 영향을 분석하여 설명할 수 있다.

(협력적 소통 역량) 허위 조작 뉴스를 판단하는 모둠 활동을 통해 가짜 뉴스 판단 방법을 도출할 수 있다.

✏️ 미디어 리터러시 역량

(비판적 이해 역량) 정보 판별 능력, 비판적 분석과 분별적 이용

(윤리 역량) 책임 있는 이용, 자율적 미디어 이용

✏️ 학습 절차

도입	**허위 조작 정보란 무엇인가?** 지도Tip) 허위 조작 정보에 대한 자료가 쏟아지고 있다. 수업자료의 파워포인트 QR코드를 스캔하여 네이버 캐스트의 가짜 뉴스에 대한 자료를 연령에 맞는 부분을 발췌하여 활용한다. 최근에 들은 뉴스를 모둠별로 모아보기 - 모은 뉴스 중에서 의심스러운 뉴스가 있는지 찾아보기 도입 부분에서는 '~하더라' 식의 들은 뉴스를 이야기해도 괜찮다. 단, 짧고 간단하게 이야기하고 '진행 1'로 넘어간다.
진행 1	· **모둠 브레인 라이팅 토의 '허위 조작 뉴스, 그것이 알고 싶다!'(전지 활용)** 온라인 검색 기능을 이용한다. 검색 시간을 제한적으로 주고 허위 조작 뉴스에 대한 자료를 모둠별로 찾도록 한다. 전지에 아래 내용을 정리하기 전에 학생들이 조사한 자료의 출처(플랫폼)가 공신력 있는 곳인지, 자료의 내용이 적절한지, 학생들이 조사한 자료에 허위 조작 정보가 없는지 점검하는

	것이 중요하다. 자료 검색을 잘 못하는 모둠이 있다면 자료 검색을 잘하는 모둠이 검색 과정을 발표하여 참고하도록 한다. 수업 시간 내 진행을 위하여 어느 시간 이상 진행이 어렵다면 네이버 캐스트(수업자료 QR코드 활용)에 접속하여 읽어보도록 권유하는 것도 한 방법이다. - 허위 조작 뉴스란 무엇인가? - 허위 조작 정보의 종류에는 어떤 것이 있는가? - 허위 조작 뉴스를 보는 소비자, 그 이유는? - 허위 조작 뉴스는 사회에 어떤 영향을 미칠까? - 허위 조작 뉴스를 판단하는 방법(질문) 만들기 국제도서관연맹(IFLA)의 가짜 뉴스 식별법, 서울대학교 언론정보연구소의 팩트 체크법, 팩트 체크넷의 팩트 체크법을 지도자가 사전에 자료로 만들어놓은 후 학생들의 활동 후에 배부한다. - 모둠별 토의 내용 발표 후 정리(수업자료 참고)
진행 2	**· 교육 상황과 학생들 연령에 따라 다음 〈선택 1〉과 〈선택 2〉 중 하나를 선택하여 수업 진행** 〈선택 1〉 학생들이 선택한 뉴스 팩트 체크 - 각자 관심 뉴스 한 꼭지씩 골라오기 학생들이 선택한 뉴스와 지도자가 의도적으로 허위 조작 뉴스 한 꼭지를 섞어서 제비뽑기하여 모둠별로 선택하도록 한다. - '진행 1'에서 뉴스 팩트 체크 판별 카드로 허위 조작 뉴스 찾아내기 활동 〈선택 2〉 공통 뉴스 팩트 체크 - 활동자료 ①의 〈진실한 신문〉 기사를 같이 읽고 팩트 체크하기 '진행 1'의 팩트 체크용 카드를 책상 위에 펼쳐놓고 카드에 제시한 팩트 체크 항목 하나하나에 대한 것을 뉴스 읽으며 점검한다. 팩트 체크 통과한 카드와 의심스러운 카드를 분류하여 놓는다. 모둠원들과 팩트 체크를 통과하지 못한 카드의 항목을 놓고 어떤 부분이 의심스러운지 이야기 나눈다. 모둠원들과 협의한 내용을 포스트잇에 메모하여 발표 자료를 만든다. - 찾은 허위 조작 뉴스에 대한 항목별 점검 발표하기 - 질의 응답 받기 / 발표 후 가짜 뉴스가 맞는지 확인
정리	· 가짜 뉴스 판단 소감 나누기(분별하기 쉬웠는가? 무엇이 어려웠는가?) · 허위 조작 정보의 피해를 줄이기 위해 내가 꼭 기억해야 할 것 제시하기 · 위의 수업 내용을 바탕으로 팩트 체크넷의 온라인으로 팩트 체크하기 링크 접속하여 체크톡이 모두 통과하면 화면을 캡처하여 제출하기(팩트 체크넷의 체크톡 바로가기-수업자료 QR코드 이용 https://factchecker.or.kr/checktalk)

허위조작뉴스

허위조작 뉴스는?

- 다른 사람을 속이기 위한 목적으로 만든 뉴스
- 의도를 가진 조작된 뉴스
- 뉴스의 형식을 취하지만 검증되지 않은 뉴스
- 소비자가 허구로 판단하도록 정보를 구성하여 전파 하는 뉴스

네이버 캐스트 가짜 뉴스 설명 자료

허위조작뉴스

허위조작 정보의 유형

- 허위조작뉴스
- 풍자적 가짜뉴스
- 패러디
- 오인정보
- 유언비어

허위 정보 (Disinformation)
거짓 정보 (Hoax)

언론 보도의 실수

사람들 사이에 퍼져 나가는 소식, 인터넷 게시판 SNS로 확산

허위조작뉴스

허위조작 뉴스 선택 이유

- 궁금증, 호기심 (현저성, 특이성)
- 확증편향 – 신념과 일치하는 정보만 받아들이는 것
- 소비자의 리터러시 역량의 부족

허위조작뉴스

허위조작 뉴스의 사회적 영향

- 허위 정보로 인한 개인적 위험과 피해
- 극단적인 좌우 편향된 집단 형성 및 위화감 조성
- 정서적 불신 – 냉소적 태도 유발
- 양극화된 정치 성향 강화 – 사회 전반에 확산
- 사회 정보에 대한 신뢰 감소

허위조작뉴스 분별 기준

- 정보원 살피기
- 저자 확인
- 날짜 확인
- 본문 살피기
- 근거 주의
- 장난, 패러디 등 살피기
- 자신의 편견 주의
- 전문가에게 문의하기

• 국제도서관연맹(IFLA)

허위조작뉴스

팩트체크 하는 기관들

- 각 언론사 팩트체크
- 서울대학교 언론정보연구소 팩트체크   SNU FactCheck

- 팩트체크넷 factchecker.or.kr
- 전문가, 일반인 함께 참여
- 사이트 모둠별 검토하기 (검증도구, 딥페이크, AI 팩트체크 등 분석)
- 온라인 QR코드 제공으로 메시지, 이미지(사진)조작, 낚시성 뉴스, 딥페이크 영상, 상업성 SNS 게시물의 '체크톡'을 제시하고 있다.

체크톡 하러 가자!

허위조작뉴스

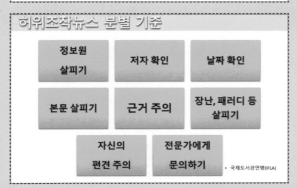

<실습> 팩트체크 질문하기

(활동자료1 참고)

허위조작뉴스

<실습> 팩트체크 질의 응답

활동1> '진실한 신문' 팩트체크 발표, 질의응답 받기

활동2> 팩트체크 소감 나누기.
허위조작정보의 사진 3개 선정하여 헤드라인 비교하기
(활동자료1, 2)에 기록하기

진실한 신문

2008년 8월 31일   제 21000호

허위조작정보 없는 청정 뉴스 볼 수 있는 웹 소개

청소년들이 가장 정보를 많이 접하는 미디어는 무엇일까?

청소년미디어리서치 연구 기관에 따르면 청소년들이 가장 많이 접하는 온라인 플랫폼은 유튜브, 틱톡, 인스타그램 순이라고 발표했다. 진실초등학교 6학년 김모양은 "알고 싶은 정보나 뉴스를 보고 싶을 때, 유튜브 검색창에 키워드를 입력한다"고 했다. 이렇게 검색한 자료에 대하여 의심없이 믿는 청소년들이 점점 증가하고 있다. 유튜브의 영상을 보고 모방하는 청소년들의 사고로 해마다 100명 이상의 사망자가 발생하여 부모들의 각별한 주의가 필요하다.

미국 뉴욕 팩트체크연구소는 전세계적으로 허위조작정보에 대한 심각성을 강조하며 학교 교육에서 팩트체크 교육을 진행해야 한다는 연구 논문을 발표했다. 이 연구소에서 제시한 교육 프로그램을 바탕으로 한국 팩트체크연구소는 초중고등학교를 대상으로 교육을 진행중이다.
(청소년 미디어 리터시 연구소 http://www.okfactcheck.co.kr)

팩트체크 교육 내용은 팩트체크의 의미, 허위조작정보를 만드는 목적, 최근의 허위조작정보 사례와 그 피해에 대한 내용으로 진행되었다. 실제 교육을 받은 서울 중학교 이모군에 따르면 "허위조작정보에 대한 영상보고 설명을 듣는 수업을 들었는데, 이 수업을 듣고 우리가 허위조작정보를 어떻게 가려내라는 것인지는 알 수 없다"고 했다. 워싱턴대학교 바실리 교수도 팩트체크 교육이 형식에만 치우쳐 실제로 도움되지 않는 것이 문제라고 지적한 바 있다.

이에 대한 대안으로 신나는 미디어 교육기관에서는 허위조작된 뉴스를 읽으며 하나 하나 점검하는 단계를 가지는 '액션 팩트체크' 교구를 제작하여 각 학교에 보급했다. 이 교구를 통하여 단계별 팩트체크 활동을 한 학생들은 자율적으로, 혼자서도 팩트체크 하는 과정을 알게 되었다는 반응이었다.

김신나 기자 ksn@nave.com

뉴스, 뭔가 수상한데!

실제 있는
신문사인가?

진실한 신문

2008년 8월 31일   제 21000호

허위조작정보없는 청정 뉴스 볼 수 있는 웹 소개

최근 기사인가?
신문 날짜와
기사 작성 날짜
확인하기

실제로 있는
연구기관인가?

과도하게 불안감,
공포심을 주는가?

실제 있는
기관이며 이런
연구를 하고
있는가?

사이트 실제
존재하는
전문가일까?

언론사가 왜
구독료와
광고료가 아닌
후원금을 걷지?

청소년들이 가장 정보를 많이 접하는 미디어는 무엇일까?
청소년미디어리서치 연구 기관에 따르면 청소년들이 가장 많이 접하는 온라인 플랫폼은 유튜브, 틱톡, 인스타그램 순이라고 발표했다. 진실초등학교 6학년 김모양은 "알고 싶은 정보나 뉴스를 보고 싶을 때, 유튜브 검색창에 키워드를 입력한다"고 했다. 이렇게 검색한 자료에 대하여 의심없이 믿는 청소년들이 점점 증가하고 있다. 유튜브의 영상을 보고 모방하는 청소년들의 사고로 해마다 100명 이상의 사망자가 발생하여 부모들의 각별한 주의가 필요하다.
미국 뉴욕 팩트체크연구소는 전세계적으로 허위조작정보에 대한 심각성을 강조하며 교육에서 팩트체크 교육을 진행해야 한다는 연구 논문을 발표했다. 이 연구소에서 제시한 교육 프로그램을 바탕으로 한국 팩트체크연구소는 초 중 고등학교를 대상으로 교육을 진행중이다.
(청소년 미디어 리터시 연구소
http://www.okfactcheck.co.kr)

팩트체크 교육 내용은 팩트체크의 의미, 허위조작정보를 만드는 목적, 최근의 허위조작정보 사례와 그 피해에 대한 내용으로 진행되었다. 실제 교육을 받은 서울 중 학교 이모 군에 따르면 "허위조작정보에 대한 영상보고 설명을 듣는 수업을 들었는데, 이 수업을 듣고 우리가 허위조작정보를 어떻게 가려내라는 것인지는 잘 수 없다 " 고 했다. 워싱턴대학교 바실리 교수도 팩트체크 교육이 형식에만 치우쳐 실제로 도움되지 않는 것이 문제라고 지적한 바 있다.
이에 대한 대안으로 신나는 미디어 교육기관에서는 허위조작된 뉴스를 읽으며 하나 하나 점검하는 단계를 가지는 '액션 팩트체크 ' 교구를 제작하여 각 학교에 보급했다. 이 교구를 통하여 단계별 팩트체크 활동을 한 학생들은 자율적으로, 혼자서도 팩트체크 하는 과정을 알게 되었다는 반응이었다.

김신나 기자 ksn@nave.com

익명의 인터뷰
대상자의 말은
사실일까?

실제 하는
인물인가?

실제하는
기관인가? 이런
교구를 만든
사실이 있는가?

기사는 누가
작성했지?

기사와 연관된
광고는 기사도
광고도
의심스러운데?

팩트체크 분별 기준을 정리해 봅시다.

✓
✓
✓

🖊 학습 도움말

1. 학습자가 뉴스를 무조건 받아들이지 않기

'가짜 뉴스', '팩트 체크'는 이제 우리 사회 전반에 널리 퍼진 일상어가 되었다. 하지만 가짜 뉴스란 표현보다 '허위 조작 정보' 또는 '허위 조작 뉴스'라는 표현이 더 적절하다는 전문가들의 의견이 우세하다. 예전과 달리 현재는 기자만이 사회의 정보와 소식을 알려주는 뉴스를 취재하여 보도하던 시대가 아니다. 누구나 뉴스 '생산자'가 될 수 있다. 뉴스를 전달하는 기본 교육을 받지 않아도, 관리받지 않고, 게이트키핑 과정을 거치지 않아도 뉴스를 만들어낼 수 있다. 일반적인 글과 달리 '뉴스'라는 꼬리표가 신뢰를 더할 수 있다는 점 때문에 의도적으로 조작하여 허위 정보를 뉴스로 포장하는 일이 빈번하게 이루어진다. 이것이 사회에 미치는 영향을 이해하고 뉴스 리터러시 역량을 키워 허위 조작 뉴스에 속지 않도록 할 수 있다.

2. 뉴스를 분석적으로 보기

뉴스를 객관적으로 보고, 쉽게 믿지 말아야 하며, 검증해야 한다고 말하는 것으로는 부족하다. 구체적으로 어떤 부분을 확인해야 하고, 무엇을 살펴야 하는지 활동을 통하여 직접적인 경험을 하는 것이 뉴스에 대한 분별력과 판별력을 키우는 훈련이 될 수 있다. 그럼에도 불구하고 가짜 뉴스를 100% 골라내기는 쉽지 않다. 많은 사람들이 가짜 뉴스에 대한 민감도를 높여나갈 때, 가짜 뉴스 생산에 대응할 수 있다는 것을 자각해야 한다.

✏️평가

· **수업 후 셀프 체크리스트**(1:부족함, 2:보통, 3:잘함) – 학생용

평가 내용	상	중	하
허위 조작 뉴스를 판단하는 기준을 알 수 있었는가?			
허위 조작 뉴스의 사회적 영향을 분석할 수 있었는가?			
허위 조작 뉴스를 판단하는 활동을 협업하여 수행했는가?			

· **수업 후 셀프 체크리스트**(1:부족함, 2:보통, 3:잘함) – 교사용

세부 내용	상	중	하
이 수업은 어떤 문제를 해결하는 데 도움이 될까?			
이 수업은 어떤 긍정적인 결과가 나올까?			
이 수업을 통해 나올 수 있는 부정적이거나 의도하지 않은 결과는 없을까?			

· **루브릭 평가**

평가 요소	평가 내용	상	중	하
지식정보 처리 역량	허위 조작 뉴스를 가려내는 과정을 잘 수행하였다.			
공동체 역량	허위 조작 뉴스를 판단하는 과정을 설명할 수 있다.			
협력적 소통 역량	허위 조작 뉴스를 가려내기 위해 협업할 수 있다.			

생활기록부 작성 사례
허위 조작 뉴스에 대한 이해를 바탕으로 모둠원과 협력하여 팩트 체크하는 과정을 수행함. 허위 조작 뉴스의 사회적 영향력을 설명하고, 부정적인 영향력을 막기 위하여 팩트 체크하고 이를 공동체에 알리는 역할을 해냄.

뉴스 리터러시 4 - 다양한 뉴스 플랫폼, 매체의 변화

✏️ 학습 목표(초등 고학년 이상)

허위 조작 뉴스가 만들어지는 배경과 사회에 미치는 영향을 이해하고, 활동을 통하여 가짜 뉴스를 판단하는 방법을 제시할 수 있다.

(지식정보 처리 역량) 다양한 뉴스 플랫폼의 특징을 알고 뉴스를 찾아볼 수 있다.

(심미적 감성 역량) 게이트키핑 기능이 있는 뉴스를 보며 향유할 수 있다.

(협력적 소통 역량) 학생들에게 도움이 되는 뉴스 플랫폼을 협력하여 찾아 이용할 수 있다.

✏️ 미디어 리터러시 역량

(접근 역량) 미디어 이용 기술 능력, 미디어 이용 통제 능력

(비판적 이해 역량) 정보 분석 판별 능력, 사회 이슈 참여

✏️ 학습 절차

도입	**뉴스를 어디에서 보는가?** 지도Tip) 뉴스를 전혀 보지 않았다는 학생들도 있다. 그런 학생들이 많다면 첫 차시에서 뉴스에 대한 전반적인 이해와 뉴스 보기의 필요성, 뉴스의 가치 판단 등의 과정을 먼저 설명하고 해당 수업을 진행한다. **- 뉴스를 보는 플랫폼, 매체에 대하여 알고 있는 것은?** 뉴스 플랫폼을 이야기할 수 있는 학생도 있지만, 플랫폼이라는 것 자체를 설명해야 하는 학생들도 많다. 플랫폼은 교통수단을 타고 내리는 승차장이나 음악, 지휘자 등이 사용하는 무대를 뜻하는 말이다. 그 의미가 확대되어 온라인을 사용할 때 원하는 것을 찾을 수 있는 검색 기능, 상품 판매, 다른 서비스와 연결하여 도와주는 서비스나 프로그램을 포함한다. 뉴스를 보기 위하여 사용하는 플랫폼은 어떤 것이 있는지를 질문하면 연령이 어린 학생들이 쉽게 이해할 수 있다.

진행 1	**· 인터넷 뉴스의 특징 알기** - 뉴스를 볼 수 있는 매체 찾아보기(구독형 뉴스레터 - 뉴닉, UPPITY(경제 뉴스)) 　뉴스 애플리케이션-연합뉴스(속보 전달 빠름) 　영상 뉴스-스브스뉴스, 엠빅뉴스, YTN, KBS, MBC 등의 채널 - 플랫폼 내의 인터넷 뉴스 검색하기 - 인터넷 뉴스의 특징과 영향력 분석하기 - 인터넷 뉴스의 역기능 토의하기 포털 뉴스가 허위 조작 뉴스를 퍼뜨린다는 의견도 있다. 뉴스 알고리즘이 뉴스의 중립성을 훼손한다는 이유로 정부에서는 규제한다는 뉴스("새 정부, 포털 뉴스 손본다", YTN, 2022.05.02. https://www.youtube.com/watch?v=vl8liLuPjwU)도 있었다. 시간의 변화나 상황에 따라 인터넷 뉴스에 대한 규제와 활성화가 다를 수 있으니 지도자들은 수업 시점에 인터넷 뉴스에 대해 검토한다. - 다양한 형태의 뉴스 찾아보기 카드 뉴스, 인포그래픽 뉴스, 인터랙티브 뉴스 등 다양한 형태의 뉴스가 있다. 카드 뉴스와 인포그래픽 뉴스에 대한 것은 다른 장에서 활용하고 있으니 참고.
진행 2	**· 뉴스 큐레이션** - 뉴스 큐레이션이란 무엇인가?(뉴스 큐레이션으로 선정된 뉴스 보기) - 뉴스 큐레이션의 장단점은 무엇인지 토의하기 뉴스 큐레이션의 의미를 파악한 후에 학생들이 토의를 통하여 여러 의견을 도출한다. 수업자료 파워포인트 참고하여 피드백한다. - 뉴스 큐레이션의 문제점을 극복하기 위한 방법은 무엇인지 토의하기 필터버블(Filter Bubble)은 인터넷 정보 제공자가 맞춤형 정보를 이용자에게 제공해 애용자는 필터링된 정보만을 접하게 되는 현상을 말한다. 알고리즘은 문제를 해결하기 위한 정해진 일련의 절차나 방법이다. 이용자에게 수많은 자료를 목적에 알맞게 나열해 주는 편리함이 있지만 불공정하고 객관적이지 않다는 지적을 받고 있다. 또한 뉴스 어뷰징(인터넷에서 검색을 통한 클릭 수를 늘리기 위해 중복 반복 기사를 전송하거나 인기 검색어에 올리기 위해 클릭 수를 조작하는 행위)이 포함되어 있다. 언론사가 포털사이트나 플랫폼에 기사를 노출하기 위해서 ①뉴스를 더 쉽게 생산하기 ②주요 뉴스 더 강조하기 ③뉴스 더 많이 확산하기를 고민하게 된다. 많이 본 뉴스가 랭킹 상위에 보여지는 알고리즘은 심층적이고 중요한 뉴스가 노출되지 않는 결과를 가져온다. 네이버와 카카오의 클러스터링(Clustering) 방식의 검색 알고리즘은 질의(Query, 설계된 정보 검색 전용 언어)에 따라 주제별로 분류해 그룹으로 묶어주는 검색 방법이 적용되기도 한다. 이러한 방법은 최신 기사를 무조건 상위에 배치하는 초간편 알고리즘보다 뉴스 어뷰징의 가능성이 적다는 평가를 받고 있다.(김병희, 〈포털의 검색 알고리즘 개발에서 기사 어뷰징 방지를 위한 영향 요인 탐색〉, 커뮤니케이션 이론, 2015) 필터버블과 뉴스 알고리즘은 개인이 좋아하는 뉴스, 보고 싶은 뉴스만 보게 되고 정치 사회적인 문제에 대한 고정관념과 편견을 강화하는 결과를 낳는다.
정리	· 인터넷 뉴스의 특징과 다양한 뉴스 전달 매체에 대하여 정리한다. · 뉴스 큐레이션의 장단점과 문제점 극복 방법을 정리한다.

수업자료

인터넷 뉴스

뉴스 플랫폼

- 뉴스 서비스
- 뉴스 서비스를 전달하는 디바이스
- 포털 뉴스, 스마트폰 뉴스, 태블릿 PC, SNS 등을 말함
- 다양한 뉴스 플랫폼

인터넷 뉴스 특징

- **오락성 기사** - 연예 신문과 방송에서 주로 다룸
- **사회적 약자에 대한 지지 확산 빠름**
- **감성 자극하는 기사** – 이성보다 감성적인 이슈에 관심
- **감시와 고발 담은 기사** – 댓글로 강도 높은 비판, 여론 확산
- **정보의 가치가 높은 기사** – 소비자에게 유익한 정보, 관심과 필요에 따라 주요 뉴스로 다룸

인터넷 뉴스 역기능

- 동질화, 획일화, 고립화, 익명화 촉진
- 개인 정보 유출 위험 증가
- 악성 댓글로 인한 폐해
- 사회 구성원들의 대립 확산 용이
- 허위조작정보의 확산 속도 빠름

인터넷 뉴스

<실습> 아래 제시된 다양한 형태의 뉴스 찾아 보기 (활동자료1에 기록)

- VR 뉴스 – VR 뉴스 시청 도구를 통해 생생한 뉴스 전달
- 카드 뉴스 – 이미지와 짧은 글, 스토리 구성으로 대중에게 쉽게 전달, 주로 연성뉴스 제작
- 인포그래픽 뉴스 – 빅데이터, 이미지, 스토리로 구성. 한눈에 알아볼 수 있는 전달력
- 인터랙티브 뉴스 – 텍스트, 그래픽, 사진, 동영상으로 구성. 새로운 멀티미디어뉴스, 독자와 상호작용 뉴스

뉴스 큐레이션

<실습> 뉴스 큐레이션 선정 뉴스 보기

활동1> 인터넷에서 뉴스 큐레이션 기사 선정, 읽기
　　　　(활동자료2에 기록)
Q1. 누가 만든 것인가? 원 기사와 다른점은?
Q2. 뉴스 큐레이션의 장점과 단점

활동2> 뉴스 큐레이션의 문제점(단점) 극복을 위한 방법 토의하기

- 학생들이 제시한 내용 바탕으로 피드백하기

뉴스 큐레이션

- 뉴스 큐레이션
- 뉴스 소비자에게 필요한 정보만을 제공하는 것
- 뉴스 큐레이션의 장단점
  장점 : 소비자의 욕구 충족, 신속한 뉴스 전달
  단점 : 가독성 높은 뉴스만으로 구성, 요약된 내용의 뉴스만 보는 소비자 증가, 연성뉴스 확산, 소비자의 편향된 정보 습득
- 뉴스 큐레이션의 문제점을 극복하기 위한 방법
  필터버블 극복을 위한 교육, 다양한 뉴스 소비 캠페인 등
  　　　(학습절차 <진행1> 지도Tip 참고)

뉴스 큐레이션

뉴스 전달 매체의 변화 방향

- 데이터저널리즘 – 분석하기 힘들었던 분량을 빅데이터로 뉴스 기사의 내용 구성, 다양한 인포그래픽 활용 뉴스 증가, 과학적이고 계량적인 뉴스 기사 증가, 뉴스 큐레이션 서비스 제공 방식
- 로봇저널리즘 – 로봇이 기사 작성 대체, 대용량 데이터 바탕으로 기사 작성하는 알고리즘에 따른 기사 생산, 뉴스 큐레이션 서비스 용이하여 확산될 것임

(지도자 참고용)

뉴스 큐레이션

<실습> 주도적인 뉴스 소비자

활동1> 인터넷 플랫폼 뉴스, 큐레이션 선정 뉴스와 같은 다양한 뉴스 소비에서 소비자가 주도하는 올바른 뉴스 보기위한 행동 강령 세우기 (팩트체크 포함)

1. 플랫폼에서 뉴스를 찾아 읽어봅시다.(모둠원들과 각각 다른 플랫폼으로 같은 날짜의 중요 뉴스 제목을 모아 비교해 보세요.)

플랫폼 이름	특징	주목할 점	모둠원 평가(1~5)

2. 인터넷 뉴스의 장단점을 이야기해 봅시다.

뉴스 소비자에게 필요한 정보만을 제공하는 뉴스 큐레이션의 장단점을 표로 작성해 봅시다.

장점	단점

2. 뉴스 큐레이션의 단점(문제점)을 극복하기 위한 방법을 친구들과 토의해 봅시다.

3. 올바른 뉴스 소비를 위한 5가지 행동강령 세우기

1.

2.

3.

4.

5.

🖊️ 학습 도움말

1. 언론사만 뉴스를 전달하는 것이 아니다.

최근 뉴스를 보는 플랫폼이 다양화되었다. 뉴스를 보는 플랫폼의 종류에 대하여 알고, 무엇을 통하여 뉴스를 보는지 되돌아본다. 인터넷 플랫폼으로 전달되는 뉴스와 언론사 뉴스를 비교해 본다. 또한 게이트키핑 기능이 없는 1인 미디어를 통한 뉴스가 미치는 영향에 대하여 토의해 보도록 한다.

2. 인터넷 뉴스의 순기능과 역기능

VR 뉴스와 카드 뉴스, 인포그래픽 뉴스, 인터랙티브 뉴스 등 뉴스의 형태가 다양해지고 있다. 소비자 맞춤형 뉴스의 증가로 인터넷상에서 뉴스를 보는 소비자가 늘고 있는 가운데 인터넷 뉴스의 역기능은 사회적 문제점으로 부각되고 있다.(수업자료 파워포인트 참고) 하지만 동전의 양면처럼 역기능만이 아닌 순기능도 있음을 안다. 뉴스 플랫폼 평가에 있어 고정관념이나 한쪽으로 치우친 판단 기준만으로 보지 않도록 장단점 비교 후 학생들이 스스로 분별하도록 한다.

3. 뉴스 큐레이션에 대하여 알아본다.

뉴스 큐레이션은 최근 뉴스 소비자에게 많은 호응을 얻고 있다. 소비자가 즐겨 보는 뉴스, 선호하는 뉴스를 맞춤형으로 이해하기 쉽게 설명하는 장점이 있다. 하지만 필터버블과 알고리즘에 따라 소비자의 선택이 아닌 뉴스 플랫폼의 추천임을 알 수 있도록 한다. 데이터 저널리즘과 로봇 저널리즘의 의미를 이해하며(수업자료 파워포인트 참고) 뉴스 전달 매체의 변화를 알고 향후 뉴스는 어떻게 변화 발전할지 지켜보도록 학생들의 관심을 유도한다.

✏️ 평가

· 수업 후 셀프 체크리스트(1:부족함, 2:보통, 3:잘함) - 학생용

평가 내용	상	중	하
뉴스 플랫폼이 무엇인지 이야기할 수 있는가?			
인터넷 뉴스의 역기능에 대하여 이야기할 수 있는가?			
뉴스 큐레이션의 장단점을 설명할 수 있는가?			

· 수업 후 셀프 체크리스트(1:부족함, 2:보통, 3:잘함) - 교사용

세부 내용	상	중	하
이 수업은 허위 조작 정보를 분별하는 데 도움이 되었는가?			
이 수업은 팩트 체크에 관심을 갖도록 구성되었는가?			
이 수업을 통해 허위 조작 뉴스에 대한 시민적 실천과 참여를 유도하였는가?			

· 루브릭 평가

평가 요소	평가 내용	상	중	하
지식정보 처리 역량	다양한 뉴스 플랫폼을 찾아 특징을 알 수 있다.			
심미적 감성 역량	뉴스를 보고 향유할 수 있다.			
협력적 소통 역량	뉴스 큐레이션의 문제점을 극복하기 위한 방법을 제시할 수 있다.			

생활기록부 작성 사례

뉴스 플랫폼의 특징을 파악하며 다양한 플랫폼에서 원하는 뉴스를 찾아볼 수 있음. 인터넷 뉴스와 뉴스 큐레이션으로 발생하는 필터버블과 알고리즘의 문제점을 극복하기 위한 방법을 도출해 내고 실천하려고 노력함.

소리 미디어, 뉴트로 감성으로 다가가기

1920년대 서구에서 전화와 라디오를 이용하여 소리 복제 기술이 완성되고, 1930년대 중국으로 유입되어 상하이를 중심으로 전화, 라디오, 레코드 음악과 유성영화 등 다양한 소리 미디어가 생산되었다. 그리고 라디오의 등장으로 매스미디어의 방송(boardcasting)으로 자리 잡았다.

선호하는 뉴미디어, 영상 미디어에 비해 소리 미디어는 이용자들이 많지 않은 것처럼 보인다. 하지만 오디오는 오랫동안 마니아의 충성도가 높은 미디어라고 할 수 있다. 라디오 방송에 열광하며 〈별이 빛나는 밤에〉를 청취하던 독자층들이 향수를 바탕으로 팟캐스트에서 다양한 콘텐츠를 소비하고, 그 외에도 청소년들이 뉴트로 문화(새로움(new)과 복고(retro)를 합친 신조어로 새로움을 찾고, 거기에 재미 요소를 첨가해 현대적으로 즐기는 것)의 한 코드로 오디오를 소비하고 있다.

오디오의 장점은 운동이나 다른 활동을 하면서 동시에 이용할 수 있다는 것이다. 생산자 입장에서도 영상보다 제작 편집하기가 더 쉽다. 목소리만 공개하는 것으로 외모를 공개하는 영상보다 제작 참여자들의 부담을 줄여주고, 개인정보 보호도 영상보다 상대적으로 유리하다.

최근 ASMR(자율, 감각, 쾌락 반응의 줄임말로 뇌를 자극해 심리적 안정을 이끌어내는 소리)에 대한 관심이 커지면서 다양한 ASMR이 제작되어 공유되고 있다. 바람 소리, 시냇물 소리와 같은 자연의 소리 외에도 음식 먹는 소리, 웃음소리 등 다양한 ASMR 제작이 증가하고 있다.

팟캐스트는 원하는 시간에 콘텐츠를 청취 가능하다는 장점으로 정치, 사회, 문화, 연예, 스포츠 등 분야별로 카테고리가 형성되어 이용자들에게 선택의 편리함을 제공하고 있다.

주목받는 플랫폼으로 밀리의 서재, 윌라 오디오북, 아프리카 TV, 네이버의 오디오북, 리디북스 등이 있다.

스푼라디오는 오디오계의 유튜브라 불리며 Z세대에게 인기를 얻고 있다. 실시간 오디오 방송과 다양한 오디오 콘텐츠가 업로드되는 캐스트(cast)로 운영되며, 1일 랭킹, 7일 랭킹 등으로 인기 순위를 매기며 경쟁을 유도한다. 소비자들은 '스푼 후원'을 하기도 하고, '스푼 보안관'이 폭력성이 있거나 청소년 유해, 혐오성 등을 판단해 이용자를 제재하여 건전하고 깨끗한 스푼 환경을 조성하기도 한다.

팟캐스트 플랫폼 팟빵은 일반적인 공영 방송 콘텐츠부터 일반 이용자의 개별 제작 에피소드까지 모두 수용하고 있다. 유튜브와 유사하게 구독자 수가 많고 유효 청취자 수에 따라 콘텐츠 제작자에게 수익을 배분하는 형태를 취하고 있다. 이는 밀리의 서재, 리디북스와 같이 기업이 콘텐츠를 제작하고 일반인들이 소비하는 형태가 아니다. 팟빵은 생산자와 소비자가 공존하며 경제활동의 장이 열리는 플랫폼이다. 팟캐스트 리터러시는 팟캐스트를 이용하는 소비자뿐 아니라 대상을 분석하여 콘텐츠를 직접 제작하고 공유하는 생산자의 활동도 경험할 수 있다. 그 외에 다른 미디어 리터러시 활동과 결합하여 스마트폰으로 리터러시 활동 과정이나 인터뷰, 기록 등을 녹음하여 수집한 자료를 팟캐스트 플랫폼에 공유하는 것도 의미 있는 활동이다. 예를 들어 뉴스 리터러시 활동 중 모둠원들의 30초 소감을 모아본다거나, 사진 리터러시에서 사진 촬영한 장소에 대한 설명을 녹음할 수도 있다.

참고 자료

• 황정의·조미아, 〈팟캐스트 제작 독서 활동 프로그램의 효과에 관한 연구-독서 태도와 의사소통 능력을 중심으로〉, 한국도서관 정보학회지, 2021.

팟캐스트 1 - 오디오 플랫폼 알아보기

✏️ 학습 목표(초등 중학년 이상)

소리 미디어의 개념과 역사를 알고, 오디오 사용과 오디오 플랫폼의 변화를 정리하며 유용한 콘텐츠를 선별할 수 있다.

(지식정보 처리 역량) 다양한 소리 미디어를 접하며 그 특징을 분류하여 설명할 수 있다.

(심미적 감성 역량) 소리 미디어가 청소년에게 미치는 영향에 대하여 이해하고, 소리에 대한 감수성을 바탕으로 오디오의 가치를 발견할 수 있다.

(협력적 소통 역량) 활동에 참여하는 모둠원 각각의 취향과 선호도가 다름을 인정하고 소통하여 콘텐츠를 선별할 수 있다.

✏️ 미디어 리터러시 역량

(접근 역량) 도구 활용 능력

(비판적 이해 역량) 미디어 재현 이해 능력, 상업적 이해 능력

✏️ 학습 절차

도입	**오디오, 콘텐츠 이해하기** - 소리가 주는 힘은 무엇일까? 지도Tip) 우리의 오감을 이야기하며 어떤 소리를 들으면 기분이 좋은지, 어떤 소리가 귀에 거슬리는지 등에 대한 이야기를 충분히 나누는 시간을 갖는다. 소리 미디어의 특징 파워포인트 수업자료 활용 - 신문과 라디오 방송이 공존하는 시대 - 매스미디어로 자리매김(이하 소리 미디어를 오디오로 칭함)

진행 1	· **오디오의 특징** - 오디오 사용 경험 나누기 학생들에 따라 오디오 사용 경험이 없을 수도 있다. 사용 경험이 없다면 수업 시간에 오디오를 들려주는 것도 좋다. - 오디오 사용 경험을 바탕으로 특징, 장단점 찾아보기 - 힐링이 되는 좋아하는 소리 찾기(포스트잇에 모아보기 - 모둠 활동) - 온라인 플랫폼에서 인기 있는 소리 알아보기 대표적으로 오디오북, 오디오 클립 등으로 검색된다는 것을 확인할 수 있다. 예로 '오디오 클립' 플랫폼에서 '소리'로 검색하면 ASMR 제목으로 많은 콘텐츠를 볼 수 있다. 이를 바탕으로 ASMR이 무엇인지 이야기 나누며 수업자료를 활용하여 설명한다. - ASMR이란 무엇일까? - 인기 있는 ASMR 찾기, 인기 이유가 무엇인지 이야기 나누기
진행 2	· **오디오의 현재 모습과 플랫폼(파워포인트 수업자료 참고)** - 현재의 오디오 사용에 대한 변화 찾아 이야기 나누기(오디오 시장의 변화, AI 스피커의 발달, 사용 경험 등) - 다양한 오디오 플랫폼 찾아보기 - 오디오 플랫폼의 콘텐츠 찾아 듣고, 청소년에게 유용한 콘텐츠 선별하기 학생들에게 '유용한'이라는 의미가 지도자가 생각하는 것과 다를 수도 있다. 수업은 학생 중심으로 진행되며 학생들의 욕구와 필요를 충분히 듣고 해로운 콘텐츠만 아니라면 지도자가 수용하는 자세가 필요하다.
정리	청소년에게 유용한 콘텐츠를 찾아 알리는 게시판 광고 만들기(플랫폼, 분야, 콘텐츠 제목, 진행자, 대상, 이용 경험을 바탕으로 추천글, 구독자 수, 구독자들의 댓글 반응 등)

오디오, 플랫폼

소리 미디어(오디오)의 특징

➤동시에 여러가지 일을 하면서 이용 가능

➤빠른 속도로 대중에게 기억됨

➤감성적 오디오는 감정과 기억을 자극하여 이미지 생성

➤목소리와 배경음악 만으로도 영상보다 오디오 콘텐츠는 제작이 쉽다.

오디오, 플랫폼

ASMR (Autonomous Sensory Meridian Response)

➤ASMR
- 자율, 감각, 쾌락, 반응의 줄임말
- 뇌를 자극해 심리적 안정을 이끌어 내는 소리)
- 들어보기 - 비 내리는 북유럽 숲속 산장 ASMR

➤ASMR 종류 다양
(바람 소리, 음식 먹는 소리 만으로도 많은 구독자)

오디오, 플랫폼

<실습> 힐링이 되는 감각(청각) 살리기

활동1> 힐링이 되는 좋은 소리 찾아 소개

오디오, 플랫폼

오디오 플랫폼

➤정치 사회 문화 연예 스포츠 등의 분야별 오디오 콘텐츠 인기
➤팟캐스트 플랫폼의 장점   - 원하는 시간에 콘텐츠 청취 가능
➤주목 받는 플랫폼
- 밀리의 서재, 윌라 오디오북, 아프리카 TV, 네이버의 오디오 북, 리디북스 등
- Tpod – jtbc, jtbc ytn emd 13개 방송사 연합 오디오 플랫폼
- 스푼 라디오 – 오디오의 유튜브 (Z세대에게 인기)
- 네이버 NOW

오디오, 플랫폼

유용한 오디오 플랫폼 탐색

➤ 다양한 플랫폼 접속 하기

➤ (스푼라디오, 오디오북, 팟빵)

➤ 접속한 플랫폼의 특징 찾아 소개하기, 이용 소감 발표

➤ 오디오 플랫폼의 분야별 콘텐츠 종류 파악

➤ (경제, 사회, 도서 등 분야에서 오디오 들어보기)

오디오, 플랫폼

<실습> 오디오 플랫폼 탐색, 추천

활동1> 유용한 플랫폼 추천하기 (특징, 추천이유)

1. 내가 좋아하는 소리와 싫어하는 소리를 찾아서 친구들에게 소개해 봅시다.(ASMR과 음악 구분하기, 좋아하는 이유와 싫어하는 이유 등)

소리 제목	구분(ASMR/음악)	출처(플랫폼)	좋아하는 이유 / 싫어하는 이유

2. 친구들이 소개한 것 중에 들어보고 싶은 것은 무엇인지 메모한 후에 찾아 들어봅시다.

1. 다양한 오디오 플랫폼을 찾아봅시다.(각 플랫폼의 특징 메모하기 - 네이버 오디오 클립, 스푼라디오, 팟빵 등)

2. 위의 조사한 플랫폼 중에서 친구들에게 권하고 싶은 오디오 플랫폼 또는 콘텐츠를 소개해 봅시다.

내가 추천하는 오디오 플랫폼(콘텐츠)은 _____ 입니다.

이 플랫폼(콘텐츠)의 특징은 _____ 입니다.

이 플랫폼(콘텐츠)을 추천하는 이유는 _____

_____

_____ 때문입니다.

✏️ 학습 도움말

1. 소리에 대한 민감도 키우기

우리는 소리와 영상의 홍수 시대에 살고 있다. 아침에 알람 소리로 잠에서 깨어 가족과 대화를 주고받고, 음악이나 뉴스를 들으며 외출 준비를 하고, 이어폰을 끼고 공부하는 경우도 흔하다.

또한 소리는 듣고 싶지 않아도 들어야 하는 경우가 많다. 자동차의 소음, 구급차 소리, 자연의 천둥소리, 새소리까지. 이 활동은 이런 소리에 대한 우리의 민감도를 높여 줄 것이다.

2. 팟캐스트 리터러시에서 '멘토 텍스트'

멘토 텍스트(mentor text)란 창작 활동에 도움이 되는 작품으로 책, 팟캐스트, 인포그래픽 등 다양한 형태로 만들어져 참고할 수 있는 작품이다. 멘토 텍스트를 지도자가 취사 선택하여 보여주고 친절하게 제시하는 것보다 스스로 찾아보고 그 예시를 분석하는 것이 수업에 능동적으로 참여하는 데 도움이 된다. 소리 리터러시에서 ASMR과 클래식, 대중음악 등의 구분 없이 학생들이 직접 찾아보고 그것을 바탕으로 더 좋은 수업을 진행할 수 있다.

자신이 좋아하는 취향을 파악하고 학업과 진로에 도움이 되는 오디오 콘텐츠를 찾는 기회가 될 것이다. 듣기 불편한 콘텐츠, 완성도 떨어지는 콘텐츠를 접하면 비판적 판단 능력을 키울 수 있을 것으로 기대한다. 단, 유해한 콘텐츠에 노출되었을 때 지도자의 개입이 필요하다.

✏️ 평가

· 수업 후 셀프 체크리스트(1:부족함, 2:보통, 3:잘함) – 학생용

평가 내용	상	중	하
다양한 ASMR을 들어보고 내가 좋아하는 것을 찾았는가?			
다양한 오디오 플랫폼과 콘텐츠를 찾을 수 있는가?			
청소년에게 유용한 오디오 플랫폼과 콘텐츠를 소개할 수 있는가?			

· 수업 후 셀프 체크리스트(1:부족함, 2:보통, 3:잘함) – 교사용

세부 내용	상	중	하
ASMR, 오디오 콘텐츠 검색 등을 통하여 좋아하는 오디오를 찾도록 안내했는가?			
각자의 취향이 다를 때 모둠 활동에서 자율적으로 합의하도록 길잡이 역할을 했는가?			
의사소통이 안 되었을 때 지도 방법은 적절했는가?			

· 루브릭 평가

평가 요소	평가 내용	상	중	하
지식정보 처리 역량	오디오 콘텐츠 검색을 통하여 좋아하는 오디오를 찾을 수 있었다.			
심미적 감성 역량	좋아하는 오디오를 소개할 수 있었다.			
협력적 소통 역량	친구의 오디오 플랫폼 소개를 경청할 수 있었다.			

생활기록부 작성 사례

다양한 오디오 플랫폼과 콘텐츠를 스스로 찾아 특징과 청소년에게 미치는 영향을 분석하여 소개하는 글을 작성하는 과정에서 자율적이고 능동적인 미디어 소비자 활동을 수행함.

팟캐스트 2 - 팟캐스트 제작을 위한 콘텐츠 분석과 스피치 훈련

✏️ 학습 목표(초등 고학년 이상)

팟캐스트 플랫폼의 콘텐츠를 찾아 소비자로서 분석하고, 팟캐스트 제작을 위하여 필요한 구성과 조건을 알 수 있다.

(자기관리 역량) 자신감을 가지고 훈련을 통하여 전달력을 높일 수 있다.

(공동체 역량) 모둠원들과 함께 콘텐츠 분석과 스피치 훈련을 하면서 공동체 협업에 적극적으로 참여할 수 있다.

(협력적 소통 역량) 문학작품과 뉴스 낭독이 청중에게 전달되어 소통할 수 있다.

✏️ 미디어 리터러시 역량

(창작 역량) 자기 표현 능력

(참여 역량) 공유 네트워킹 능력

✏️ 학습 절차

도입	**팟캐스트란 무엇일까?** - 청취자들이 좋아할 팟캐스트 제작을 위한 조건 찾아보기 지도Tip) 팟캐스트에 대해 잘 모르는 학생들이 많다면 질문을 이끌어내기 힘들 수 있다. 이럴 때 지도자가 다양한 팟캐스트를 들려주는 것으로 시작해도 좋다.
진행 1	**· 팟캐스트 콘텐츠 상세 분석** - 팟캐스트 콘텐츠 중에서 하나를 선정하기(모둠 활동) 앞의 학습 도움말에 멘토 텍스트에 대한 설명이 있다. 이를 바탕으로 학생들이 직접 선택하여 다양한 팟캐스트 콘텐츠를 들어보고 다음 활동을 진행한다. - 팟캐스트 콘텐츠의 어떤 부분을 분석할 것인지 의견 모으기(활동자료 ①에 기록-콘텐츠의 주제는 무엇인가? 주제에 맞는 음성인가? 주제를 정확한 발음으로 잘 전달하고 있는가? 오디오에 잡음이 들리지는 않는가? 배경음악, 오프닝과 클로징은 적절한가? 등)

진행 2	· 스피치 훈련(낭독) - 문학작품, 뉴스, 소개글 등 다양한 분야의 글들을 모아보기 - 글의 분야와 주제에 맞게 낭독하기(발음, 말하기 속도, 강약 조절하기) 낭독은 팟캐스트 진행을 위한 기본 바탕이다. 수업에 참여하는 학생들 모두 충분한 리딩 연습을 할 수 있도록 한다. 한 공간에서 연습하면 소리가 시끄러울 수 있다. 하지만 모두가 연습한다는 목표를 두고 휴대전화 등의 미디어 기기를 이용하여 각자 녹음한다. 주변의 소음이 조금 있더라도 휴대전화 10cm 정도에서 낭독한다면 낭독자의 소리 녹음이 가능하다. 누구라도 진행자의 역할을 할 수 있는 역량을 갖추고 모두가 참여하도록 하는 것이 중요하다. - 낭독한 녹음 파일 들으며 피드백하기(모둠 활동 - 친구의 녹음 파일을 청취자 입장에서 객관적으로 듣고 긍정의 피드백 중심으로 이야기 나누기)
정리	팟캐스트 콘텐츠 분석을 바탕으로 좋은 콘텐츠를 제작하기 위한 음성 가다듬기 훈련을 통해 전달력이 좋은 낭독이 되었는지 점검한다.

팟캐스트 콘텐츠 분석

팟캐스트란?

➢ 팟캐스트(podcast) 또는 넷캐스트(netcast)라고 함
➢ 청취자들이 원하는 프로그램을 선택하여 구독하고 들을 수 있도록 한 인터넷 방송
➢ 디지털 오디오, 비디오 파일
➢ 녹음 미디어 파일을 웹에 올리고 RSS파일의 주소 공개 방식
➢ 아이팟(iPod)의 pod와 방송(broadcast)의 cast가 합친 말
➢ 2004년 처음 사용

팟캐스트 콘텐츠 분석

팟캐스트 파헤치기

➢ 어디에서 팟캐스트를 들을 수 있을까요?
　(팟빵, 네이버 오디오 클립 추천)
➢ 유용한 콘텐츠, 유용하지 않은 콘텐츠 경험 나누고 추천하기
　(이유 – 콘텐츠 유형, 진행방법, 녹음기술 등 다양한 의견)
➢ 좋아하는 오디오의 특징 소개하고 추천하기
➢ 듣고 싶은 오디오 제시하기

팟캐스트 콘텐츠 분석

<실습> 콘텐츠 분석 (전지 이용)

활동1> 유용한 콘텐츠 분석 (활동자료 1 이용)

● 오디오 콘텐츠 선정 (모둠 활동)
　- 선정된 오디오 같이 듣기 (첫번째는 그냥 편하게 듣기)
　- 어떤 부분을 주의하여 중점적으로 들을 것인지 의논
　- 위의 기준에 따라 다시 듣기
　　(오디오 콘텐츠 분석 표에 기록하며 듣기)

팟캐스트 제작을 위한 스피치

보이스 훈련 (스마트폰 오디오 녹음 기능 사용)

➢ 시 낭송하기 원고 예시

➢ 소설 낭송하기 원고 예시

➢ 수필 낭송하기 원고 예시

➢ 뉴스 브리핑
　- 최근 시사 이슈 중 하나를 선정하여 낭송하기

팟캐스트 제작을 위한 스피치

스피치 훈련

1. 자신감을 가진다.
2. 나만의 긴장 푸는 방법 찾는다.
3. 정확한 발음, 리듬, 강조, 빠르기 조절을 위하여 반복 연습한다.
4. 중요한 내용에 표시하여 강약을 조절하며 강조한다.
5. 원고 내용 이해를 바탕으로 자연스러운 말하기
6. 과한 제스처(몸짓)은 자제한다.
7. 열정이 목소리에 그대로 전달된다는 것 기억하기

팟캐스트 제작을 위한 스피치

<실습> 낭독 연습 & 평가

활동2> 평가 항목에 따라 평가, 조언하기
　(활동자료 2에 기록)

1. 개인이 선정한 오디오 콘텐츠를 모둠원들에게 소개하고 모둠에서 최고의 콘텐츠를 찾아 함께 분석해 봅시다.

분석 항목	분석 항목에 관하여 서술	별점 평가
주제		
내용		
주제와 음성의 어울림		
정확한 발음		
오디오 녹화 잡음 정도		
배경음악의 어울림		

활동자료 ② – 낭독 연습 & 조언 듣기 / A4로 확대, 모둠별 1장 출력

이름 :

평가 항목	자세한 도움말	좋음	보통	노력
발음				
리듬				
타이밍				
강조				
빠르기				
내용 전달력				

이름 :

평가 항목	자세한 도움말	좋음	보통	노력
발음				
리듬				
타이밍				
강조				
빠르기				
내용 전달력				

이름 :

평가 항목	자세한 도움말	좋음	보통	노력
발음				
리듬				
타이밍				
강조				
빠르기				
내용 전달력				

이름 :

평가 항목	자세한 도움말	좋음	보통	노력
발음				
리듬				
타이밍				
강조				
빠르기				
내용 전달력				

✏️ 학습 도움말

1. 수업 시간의 안배

초중고 어느 학년에나 적용 가능하다. 수업 대상자의 수준과 눈높이에 맞는 콘텐츠를 찾도록 안내 역할을 하면 된다. 앞에서 살펴본 주목받는 오디오 플랫폼을 사전에 들어보면, 플랫폼을 못 찾아 도움을 요청하는 학생들에게 안내해 줄 수 있다. 학습 절차의 '진행 1'과 '진행 2'를 나누어 각각 진행하는 등 탄력적인 수업 운영을 권장한다.

2. 팟캐스트 콘텐츠 분석

콘텐츠 분석을 바로 시작하기 어렵다면 진행하는 지도자의 말하기, 발음, 전달력이 어떻게 들리는지 질문해 본다. 물론 지도자가 학생들에게 평가받는 것 같아서 거북할 수 있지만, 이번 기회에 지도자의 말하기가 어떻게 받아들여지는지 알 수 있고, 학생들의 수업 참여도를 높일 수 있다.

3. 스피치 훈련

스피치 훈련은 말하기의 완성도를 높이는 것이 목표가 아니라, 정확한 전달을 위한 말하기로 자신감을 가지는 것을 궁극적인 목표로 한다. 지도자용 PPT에 QR코드로 제시한 원고를 사용해도 좋고, 학생들이 직접 작성한 글을 낭독하는 것도 권장한다. 여러 번 연습 후에 스마트폰으로 녹음하고, 녹음한 것을 모둠 활동으로 듣고 친구들과 피드백한다. 내용 전달력만 좋다면 개성 있는 억양이나 말투, 사투리도 독자에게 신선함을 줄 수 있다. 피드백은 가능하면 긍정적인 방향으로 진행한다.

✏️ 평가

· **수업 후 셀프 체크리스트**(1:부족함, 2:보통, 3:잘함) - 학생용

평가 내용	상	중	하
팟캐스트 콘텐츠의 상세 분석이 되었는가?			
스피치하는 자세와 방법에 대하여 알고 스피치했는가?			
작품 낭독의 피드백을 수용하여 낭독을 더욱 발전시켰는가?			

· **수업 후 셀프 체크리스트**(1:부족함, 2:보통, 3:잘함) - 교사용

세부 내용	상	중	하
팟캐스트 콘텐츠 상세 분석을 위한 안내를 충분히 했는가?			
스피치의 발음, 말하기 속도, 강약 조절에 대한 설명을 했는가?			
낭독의 피드백은 학생들에게 도움이 되었는가?			

· **루브릭 평가**

평가 요소	평가 내용	상	중	하
지식정보 처리 역량	스피치 방법을 떠올리며 스피치하였다.			
공동체 역량	친구들의 낭독을 듣고 도움되는 평가를 하였다.			
협력적 소통 역량	친구들의 낭독 평가를 수용하여 발전시켰다.			

생활기록부 작성 사례
팟캐스트 콘텐츠를 분석하며 적절한 말하기 속도와 발음, 전달력을 반영하여 스스로 연습한 후에 작품의 특성에 맞는 낭독을 하였다. 친구들과 상호 피드백을 통하여 더욱 완성된 낭독을 할 수 있었다.

팟캐스트 3 - 우리들의 팟캐스트 제작

✏️ 학습 목표(초등 고학년 이상)

팟캐스트를 제작 업로드하는 과정을 통하여 팟캐스트 소비자를 분석하고, 모둠원과 역할을 분담하여 협업하며, 생산적 표현 역량을 강화할 수 있다.

(창의적 사고 역량) 주제에 맞는 팟캐스트를 창의적 아이디어를 반영하여 제작할 수 있다.

(공동체 역량) 팟캐스트 제작을 위하여 모둠원들과 협력할 수 있다.

(협력적 소통 역량) 팟캐스트 제작을 위하여 모둠 내에서 역할을 수행하기 위한 소통을 할 수 있다.

✏️ 미디어 리터러시 역량

(창작 역량) 미디어 제작 능력

(참여 역량) 공유 네트워킹 능력

✏️ 학습 절차

도입	**팟캐스트 제작을 위해 준비할 것은 무엇인가?** - 팟캐스트 콘텐츠 중에서 좋았던 것, 아쉬웠던 것 등을 바탕으로 제작할 팟캐스트 콘텐츠의 조건을 정리해 보기
진행 1	**· 팟캐스트 업로드용 제작 활동 1(모둠 활동)** - 팟캐스트 주제 정하기(음악 소개, 책 소개, ASMR 등) - 주제 관련 자료 수집 지도Tip) 팟캐스트 앱을 같이 찾아보도록 한다. 일반적으로 우리나라에서는 '팟빵'이 오디오 업로드가 쉽고 콘텐츠의 종류도 많은 편이다. 관심 있는 주제의 팟캐스트를 모둠원들이 같이 들어보고 특징과 장단점을 파악하여 제작할 팟캐스트의 롤모델을 찾는 것도 도움이 된다. - 역할 정하기(시나리오 책임, 팟캐스트 진행자(아나운서), PD, 편집 등) 각자 어떤 활동을 해야 하는지 이야기를 나눈 후 역할을 정한다.

진행 2	· **팟캐스트 업로드용 제작 활동 2**(모둠 활동) – 시나리오에 따른 스토리보드 작성, 모둠원 모두 숙지하기(진행 멘트 / 배경음악) – 오디오 녹음 후 편집하기(무료 애플리케이션 '오다시티' 추천) (잡음 제거 및 수정 편집, 배경음악 포함-저작권 주의) 모둠 내에서 역할 분담하여 진행해야 한정적인 수업 시간 내에 팟캐스트 녹음을 완성할 수 있다. 역할이 나누어지면 자신의 역할을 해내기 위해 각자 무엇을 해야 하는지 지도자의 질문과 조언이 필요하다. 오다시티 녹음 편집을 돕기 위하여 지도자가 사전에 곡 편집 기능을 이용해 보기를 권한다. 최근에 빠른 편집을 알려주는 유튜브 영상이 많이 있으니 참고하면 좋다. 유튜브에서 '오다시티'로 검색하여 학생들 수준에 맞는 영상 선택하여 시청한다. – 무료 오디오 라이브러리(유튜브 제공) 이용
정리	· 완성된 팟캐스트 오디오 듣기(모둠원 모두 동참) · 최종 수정 후 완성, 소감 나누기(잘된 점, 진행 과정, 아쉬운 점, 앞으로 더 만들고 싶은 주제 등)

팟캐스트 제작

팟캐스트 제작 회의

- 이 팟캐스트를 제작하는 목적은 무엇인가요?
- 이 팟캐스트를 듣는 대상은 누구인가?
- 그 대상의 특징은 무엇인가?
- 우리가 제작할 팟캐스트의 주제는 무엇인가?
- 인터뷰 대상자를 대하는 예절은? (사전 섭외, 질문 내용 미리 작성하여 전달하기)

팟캐스트 제작

팟캐스트 제작 계획

팟캐스트 제작

<실습> 팟캐스트 제작 - 역할

활동1> (활동자료 1에 기록)

프로듀서   진행자   녹음담당

편집담당   게스트   소품담당

팟캐스트 제작

<실습> 팟캐스트 제작 - 스토리보드

활동2> (활동자료 2에 기록)

팟캐스트 제작

<실습> 팟캐스트 제작 – 녹음, 편집

활동3> 스마트폰 녹음 기능 활용하여 녹음

➢ 주제와 스토리보드에 따른 ASMR, 배경음악 수집

➢ 오디오 녹음 후 편집하기

➢ 무료 어플리케이션 '오다시티' 추천, 유튜브 추천 제작 영상 참고

팟캐스트 제작

팟캐스트 업로드

➢ 팟캐스트 플랫폼 '팟빵' 업로드 하기

➢ 크리에이트 스튜디오에서 방송 개설하기

1. 팟캐스트 녹음을 위한 역할을 분담하고 녹음해 봅시다.

프로그램 이름		
대상자		
역할	프로듀서	
	진행자	
	녹음 담당	
	편집 담당	
	게스트	
	소품 담당	
프로그램 기획 의도		
진행 스토리 시놉시스		

활동자료 ② – 스토리보드 작성 / A4로 확대, 1인 1장 출력

항목	시간	내용	담당
시그널			
오프닝 멘트			
음악			
브릿지 멘트			
음악			
주제			
음악			
클로징 멘트			
음악			

✏️ 학습 도움말

1. 팟캐스트 제작을 위한 준비

이번 장에서는 팟캐스트 제작용 스토리보드 작성과 녹음 후 편집 과정을 '진행 1', '진행 2'에 넣었지만, 실제 수업에서는 더 많은 차시가 필요하다. 동아리 활동이나 팟캐스트 제작반이라면 창작과 협업 활동을 여유 있게 수행할 수 있을 것이다. 완성도 높은 팟캐스트 에피소드를 만들어 플랫폼에 탑재하면 좋겠지만, 일련의 제작 과정에서 오디오 리터러시를 깊이 체험하는 것으로도 교육 효과가 높을 것으로 기대한다.

2. 녹음과 편집

녹음 스튜디오나 마이크 시설을 이용할 수 있다면 좋겠지만 스마트폰의 녹음 감도와 기능이 좋아서 다수가 모인 교실에서도 녹음이 가능하다. 스마트폰과 5cm 거리를 두고 말하면 주변의 소음이 포함되기는 하지만 편집에서 잡음을 어느 정도 제거할 수 있다.

팟캐스트 플랫폼 팟빵을 추천하는 이유는 유해한 콘텐츠나 재미만을 추구하는 에피소드가 가장 적기 때문이다. 팟빵의 크리에이트 스튜디오는 채널을 만들고 업로드하기가 유튜브보다 단순하고 간편하다.

편집은 무료 애플리케이션 '오다시티'를 추천한다. 편집이 쉽고, 유튜브에 편집 방법이 많이 소개되어 있어서 지도자나 학생 모두 짧은 시간에 익히기 좋다. 제작 활동은 저작권 교육을 따로 진행하는 것이 좋다.

✏️ 평가

· 수업 후 셀프 체크리스트(1:부족함, 2:보통, 3:잘함) – 학생용

평가 내용	상	중	하
팟캐스트 제작 활동에 적극적으로 참여했는가?			
팟캐스트 제작에서 맡은 역할을 잘 수행했는가?			
완성된 팟캐스트에 대한 피드백을 듣고 보완할 수 있었는가?			

· 수업 후 셀프 체크리스트(1:부족함, 2:보통, 3:잘함) – 교사용

세부 내용	상	중	하
팟캐스트 주제 관련 자료 수집 과정에서 적절한 길잡이 역할을 했는가?			
학생들이 모둠 활동에서 제 역할을 하도록 지도했는가?			
팟캐스트 편집과 업로드 과정에서 학생들이 자율적으로 활동하도록 지도했는가?			

· 루브릭 평가

평가 요소	평가 내용	상	중	하
지식정보 처리 역량	주제에 맞는 팟캐스트 제작 과정을 진행할 수 있었다.			
공동체 역량	팟캐스트 제작에서 내가 맡은 임무를 수행하였다.			
협력적 소통 역량	팟캐스트 제작을 위하여 모둠원들과 소통할 수 있었다.			

생활기록부 작성 사례

팟캐스트 주제 선정과 자료 수집에 적극적으로 동참하고 방송 진행자로서 주도적으로 참여하여 모둠원들과 활발한 소통과 협업을 이룸. 완성된 팟캐스트의 에피소드 업로드까지 완료하며 미디어 생산자의 역할을 다함.

4 강력한 소통의 도구, 사진

　스마트폰의 보급으로 사진은 가장 대중화, 일상화된 미디어가 되었다. 카메라를 전문가들의 전유물로 여기던 시기와 필름카메라로 한컷 한컷 정성스럽게 셔터를 누르던 시기가 지나고 언제, 어디서나 찍고 지울 수 있는 시대가 되었다. 그렇다면 사진의 존재 가치가 더 가벼워졌을까?

　카메라의 역사를 살펴보면 사진을 좀 더 잘 이해할 수 있을 것이다. 아리스토텔레스가 암상자로 일식을 관찰했다는 기록이 있지만 카메라 옵스큐라(암실에 작은 구멍을 뚫어 반대 측면에 외부 모습이 역방향으로 맺히는 원리의 암상자) 발명에 이어 무겁고 깨지기 쉬운 카메라가 투명 셀룰로이드 개발로 규격화된 필름으로 작고 가벼워지기까지 오랜 시간이 걸렸다.(수업자료 파워포인트 QR코드로 영상 시청 가능)

　빛으로 그림을 그린다는 의미의 포토그라프로 불리는 최초의 사진은 1826년 프랑스의 조세프 니세포르 니에프스가 찍은 것으로 8시간 동안 노출시켰다고 한다. 1840년대에 와서야 한 장의 원판 사진으로 여러 장 인화가 가능하였으며 이것이 실용화되어 1860년 미국 남북전쟁 당시 링컨 대통령의 사진이 전해지고 있다.

우리나라는 1863년 연행사의 일행으로 중국 북경을 방문한 수행원들의 단체 사진이 남겨져 있는데, 1871년 신미양요 당시 미국 군인들이 찍은 포로 사진은 일반인 사진이다. 1928년 코닥이 컬러 필름을 생산하면서 1950년대 대중화되었지만 코닥은 디지털카메라의 잠재력을 인식하지 못하여 쇠퇴하게 된다. 1999년 휴대전화에 카메라가 부착되면서 오늘날 보편화되었다.

사진은 카메라로 찍는 사람의 관점을 반영하여 2차원 평면에 표현한 이미지다. 최근의 사진은 디지털 파일로 촬영과 편집, 소유와 공유가 쉽고 정보 전달과 사회적 소통에 중요한 역할을 하고 있다.

사진은 눈에 보이는 것을 그대로 재현하는 사실성, 대상과 목적물을 정확히 표현하여 의미를 전달하는 표현성, 복제가 가능하여 매체로서 정보 전달 역할을 하는 전달성의 특징이 있다.

인물 위주로 촬영하는 인물 사진, 상품의 인식과 판매 확대를 위한 광고 사진, 자연의 아름다움을 담아내는 풍경 사진, 사회 이슈와 문제를 주관적 해석을 바탕으로 파헤치는 다큐멘터리 사진, 정치·경제·사회·문화 등 일상의 정보와 사건 사고를 전달하는 뉴스 사진, 연출 없이 순간의 자연스러운 동작과 표정을 담는 스냅사진 등이 있다.

종이 신문을 보던 시기에는 보도사진의 영향력이 대단히 컸다. 같은 사건을 같은 현장에서 찍어도 다르게 해석할 수 있는 보도사진은 언론사의 주장을 대변하는 대표적 이미지였다. 따라서 학생들에게 뉴스에 사용되는 사진에 대한 리터러시 활동이 교육에서 활발하게 이루어지고 있다. 뉴스의 헤드라인과 같이 캡션(사진 설명글)이 있어 사진으로 정확하게 표현하지 못한 것을 보완해 주는 역할을 한다. 언론사는 캡션으로 보도사진의 메시지를 정확하게 전달하고 강조한다. 사진과 캡션은 사실과 진실을 왜곡할 수 있으므로 팩트 체크를 포함한 리터러시 활동은 더 확산되어야 할 것이다.

퓰리처상은 언론계 노벨상으로 불린다. 미국의 저명한 언론인 J. 퓰리처의 유산으로 1917년 창설한 이 상은 뉴스와 보도사진 등 14개 부문, 문학과 드라마 등 7개 부문에서 수상자를 선정한다. 미국의 언론 분야에서 활동하는 사람을 대상으로 한다. 우리나라의 김경훈 기자가 한국인 최초로 퓰리처상을 수상했다.(수업자료 파워포인트 QR 코드로 김경훈 기자의 퓰리처상 수상 사진과 인터뷰 영상을 볼 수 있다.) 또한 전 세계적으로 반향을 일으키며 논란이 되는 사진들 대부분이 퓰리처상 수상작이다. 그래서 미디어 리터러시 수업에서 퓰리처상 작품들이 많이 활용된다. 하지만 이는 학생들의 연령과 수준을 고려하여 적용해야 할 것이다. 퓰리처상 작품들의 특징은 시사성과 시의성이 강하며 전 세계인들의 관심을 불러일으키는 사건들, 전쟁의 현장, 어느 한 사람의 최후의 순간 등의 기록이 많다는 것이다. 어린 학생들에게 처참한 현장의 사진을 이용하여 사진 리터러시 교육을 하는 것은 신중해야 한다.

시의성 강한 보도사진에 비하여 다수의 많은 사람들이 참여하는 일상 사진 찍기는 즐거운 취미가 되기도 한다. 사진으로 찍은 일상의 기록이 블로그나 SNS에 수시로 업로드되어 많은 사람들에게 보여진다. 이에 따라 개인정보의 유출과 디지털 성범죄의 표적이 되는 등의 위험성이 있으므로 개인 사진의 경우 중요한 개인정보를 함부로 공유하거나 전달하지 않도록 하는 교육이 절대적으로 필요하다.

참고 자료

• 김경훈, 《사진이 말하고 싶은 것들》, 시공아트
• 김경훈, 《사진을 읽어드립니다》, 시공아트
• 최민식, 《다큐멘터리 사진을 말하다》, 하다
• 존 버거, 《다른 방식으로 보기》, 열화당

사진 1 - 무엇을 찍는가?

✏️ 학습 목표(초등 전학년 가능)

사진을 찍고, 찍히는 행위와 의미를 분석하고, 셀카를 찍는 다양한 목적을 알아본다.

사진의 공유가 어떤 영향을 미칠 수 있는지 이해하고 주의점을 정리할 수 있다.

(자기관리 역량) 사진의 생비자로서 셀카의 목적과 활용에서 주의할 점을 알 수 있다.

(지식정보 처리 역량) 사진을 찍는 방법을 익히고 사용할 수 있다.

(협력적 소통 역량) 생각과 감정을 사진을 통하여 효과적으로 표현할 수 있다.

✏️ 미디어 리터러시 역량

(생산 역량) 자기표현 능력, 공유 능력

(윤리 역량) 책임 있는 이용 능력, 정서 함양

✏️ 학습 절차

도입	**사진이 나에게 주는 의미는?** - '사진' 하면 떠오르는 생각 브레인스토밍(1분간 사진 관련 연상되는 낱말 써보고, 그중 의미 있는 것에 대해 이야기 나누기 - 가장 최근에 찍은 사진은 무엇인가? - 가장 최근에 찍힌 사진은 무엇인가?
진행 1	**· 사진, 찍을 때와 찍힐 때(모둠 활동)** - 사진 찍는 우리(무엇을 찍었는가? 왜 찍었는가? 찍을 때 신경 쓴 것은 무엇인가? 인물 사진을 찍었다면 누가 소유하고 있는가?) - 사진 찍히는 우리(누가 찍었는가? 왜 찍었는가? 찍힐 때 무엇을 신경 썼는가? 찍힐 때 나의 기분은? 찍은 사진은 누가 소유하고 있는가?)
진행 2	**· 셀카에 대하여(모둠 활동)** - 셀카란 무엇인가? 셀카 경험 나누기

	셀프와 카메라의 합성어로 셀피(selfie)가 맞는 표현이지만 우리 사회에서 셀카가 일반적으로 사용되는 것을 감안하여 셀카라고 지칭한다.
	- 사람들은 셀카로 어떤 순간을 찍는지 인터넷 검색해 보기
	- 왜 셀카를 찍을까? 어떤 용도로 사용할까? 셀카의 긍정과 부정적인 영향은 무엇일까?
	- 셀카와 관련한 영상 보기(영상 QR코드 지도자용 PPT 참고)
정리	- 사진을 찍고 공유할 때의 주의점을 정리한다.(개인정보 유출 주의, 낯선 사람에게 사진 공유의 위험성, SNS에 업로드할 때 유의점) 최근 학생들이 랜덤 채팅으로 전혀 모르는 사람들과 온라인 대화를 자주 하고 있다. 연령대가 어린 학생들에게는 낯선 사람들에게 알려주어서는 안 되는 개인정보에 대한 이야기를 구체적으로 해야 한다. 개인정보에 해당하는 이름, 나이, 학교, 주소, 이메일 주소, 전화번호 외에도 이번 장에서 다루고 있는 사진 공유를 절대적으로 주의해야 한다는 것을 알려준다. 사진의 조작과 도용, SNS에서 악용되는 사례를 들려주는 것도 도움이 된다.

잘칵, 잘칵, 셀카

 카메라의 역사, 영상 보고 이야기 나누기

➤ 카메라의 특징은?

➤ 카메라는 우리 삶에

어떤 영향을 미치는가?

• 카메라의 역사 영상 보기 / YTN 사이언스, 3분

잘칵, 잘칵, 셀카

📷 최근에 내가 찍은 사진 한 장 소개해요!

➤ 누가, 무엇을, 왜 찍었는가?

➤ 특별히 사용한 기법은 무엇인가?

➤ 전달하려는 메시지는 무엇인가?

➤ 이 사진은 누가 소유하고 있는가?

➤ 사람들은 어떻게 해석할까?

➤ 무엇이 생략되고, 무엇이 포함되었는가?

잘칵, 잘칵, 셀카

📷 최근에 내가 찍힌 사진을 떠올려요!

➤ 누가 찍었는가?

➤ 왜 찍었는가?

➤ 찍힐 때 무엇을 신경 썼는가?

➤ 찍힐 때 나의 기분은?

➤ 찍은 사진은 누가 소유하고 있는가?

잘칵, 잘칵, 셀카

셀카, 너는
무엇이냐?

➤ 셀프 self 와 카메라의 합성어

➤ 셀피 selfie가 맞는 표현

➤ 미국 시사 주간지 타임은

➤ 셀피를 2012년 10대 신조어에 선정

➤ 2013년에 옥스퍼드 영어사전 수록

➤셀카에 집착, 중독 증상

– 미국 캘리포니아 주립대학의 심리학과 교수 라마니 덜바슐라 박사 CBS와의 인터뷰에서 셀카 중독 경고 – 실제로 정신 병리학적 증상으로 분류하지는 않음

잘칵, 잘칵, 셀카

셀카, 자주 찍으세요?

음식 먹는 사진, 여행지 사진, 친구들과 함께 찍는 사진, 선거 인증샷, 환경 실천 챌린지 등 다양함

보여주고 싶은 욕구 – 사진을 공유하여 많은 사람들의 '좋아요' 반응으로 자존감 높이려는 심리

- 로버트 코넬리우스 1839년촬영한 현존하는 가장 오래된 자화상 사진

- 현대의 셀카는 디지털 카메라와 스마트폰, 눈 라는 기술적 진보가 만들어낸 산물

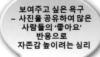

➤ 용도 – 기록용,

➤ 자료보존, 홍보, 소통

잘칵, 잘칵, 셀카

슬기로운 셀카 탐구생활

✓우리들의 셀카 이야기(전지 작성)

- 왜 셀카를 찍을까?

- 어떤 모습을 찍을까? 어디에 사용할까?

- 셀카의 긍정과 부정적인 영향은?

- 셀카를 포함하여 사진 공유할 때 주의점

5가지 이상 찾기

셀카 찍을 때 조심하세요! - 자료 읽기

1. 최근에 찍은 사진 하나를 선택하여 다음에 답해 봅시다.

무엇을 찍었는가?	
왜 찍었는가?	
찍을 때 신경 쓴 것은 무엇인가?	
인물 사진을 찍었다면 누가 소유하고 있는가?	

2. 최근에 찍힌 사진 하나를 떠올려 다음에 답해 봅시다.

누가 찍었는가?	
왜 찍었는가?	
찍을 때 신경 쓴 것은 무엇인가?	
인물 사진을 찍었다면 누가 소유하고 있는가?	

1. 셀카에 대하여 친구들과 의논하고 다음에 답해 봅시다.

사람들은 셀카로 어떤 순간을 찍는지 인터넷 검색해 보기	
우리 모둠원들 의견 모아 정리하기	가) 왜 셀카를 찍을까? 나) 어떤 용도로 사용할까? 다) 셀카의 긍정과 부정적인 영향은 무엇일까?
사진 공유에 대해 주의해야 할 점 5가지를 뽑아보고 메모지에 기록하여 책상 옆에 붙이고 실천하기	

🖉 학습 도움말

1. 사진은 누구나 쉽게 이용하는 인기 미디어

필름카메라를 보지 못한 학생들이 많을 것이다. 필름 한 롤당 정해진 수의 사진만 찍을 수 있을 때와 스마트폰 디지털카메라로 찍고 지우기를 마음대로 할 수 있을 때의 사진은 그 의미가 조금 다를 것이다. 쉽게 찍고, 아무나 찍고, 누구나 공유할 수 있는 환경에서 사진의 의미를 천천히 되새기며 내가 찍은 사진부터 리터러시 활동을 시작하는 것이 필요하다.

2. 셀카 리터러시

셀카는 한국에서만 통용되는 말이고, 원래는 셀피라고 한다. 이번 장에서는 셀카로 통일하여 사용했다. 셀카는 얼굴 중심으로 찍는 것부터 음식 먹는 사진, 여행지 사진, 친구들과 모여서 찍는 사진 등 다양한 장소에서 다양한 목적으로 찍을 것이다.

셀카를 보여주고 싶은 욕구나 엿보고 싶은 욕구, 또는 '좋아요'를 받아 자존감을 높이려는 심리라고만 표현하는 것은 부족하다. 셀카는 자신을 표현하는 방법으로 기록, 자료 보존, 홍보 목적의 강력한 소통의 도구이며, 선거 참여 인증 사진, 환경 실천 챌린지와 같은 사회 참여의 의미를 담기도 한다.

셀카를 찍는 것보다 셀카를 공유하는 것의 의미, 위험성, 주의점 등을 학생들 스스로 이야기하고 정리하여 '사진 공유 시 주의 사항 5계명' 등의 이름으로 책상 옆에 붙이고 실천하기 캠페인을 펼쳐보기를 권한다.

✏️ 평가

· **수업 후 셀프 체크리스트**(1:부족함, 2:보통, 3:잘함) – 학생용

평가 내용	상	중	하
사진 찍을 때 동의를 받았는가?			
안전한 장소에서 셀카를 찍을 수 있는가?			
사진을 안전하게 관리할 수 있는가?(타인 공유 자제)			

· **수업 후 셀프 체크리스트**(1:부족함, 2:보통, 3:잘함) – 교사용

세부 내용	상	중	하
셀카의 긍정과 부정적 영향에 대하여 중립적인 태도로 이끌었는가?			
학생들이 주도적으로 셀카에 대한 의견을 개진하도록 열린 분위기에서 수업을 진행하였는가?			
개인정보 유출의 위험에 대하여 학생들에게 충분히 알렸는가?			

· **루브릭 평가**

평가 요소	평가 내용	상	중	하
자기관리 역량	사진의 개인정보를 안전하게 관리할 수 있다.			
지식정보 처리 역량	사진 찍는 방법을 알 수 있다.			
협력적 소통 역량	사진을 찍을 때 타인의 동의를 받았다.			

생활기록부 작성 사례
생산자와 소비자의 입장에서 민감한 사진의 영향력을 이해하고, 사진 공유를 조심해야 하는 이유를 논의하여 주의점을 정리함.

사진 2 - 보도사진의 캡션

✏️ 학습 목표(초등 중학년 이상)

사진에 대한 이해를 바탕으로 보도사진의 캡션과 헤드라인을 분석하고, 퓰리처상 수상 작품을 비롯한 보도사진이 미치는 긍정과 부정적 영향력을 설명할 수 있다.

(심미적 감성 역량) 퓰리처상 수상 작품 분석을 통하여 사진의 영향력을 알 수 있다.

(지식정보 처리 역량) 주어진 사진을 바탕으로 헤드라인과 캡션을 작성해 보고, 실제 기사와 비교할 수 있다.

(협력적 소통 역량) 모둠원들과 헤드라인 분석을 위한 협력적 소통을 할 수 있다.

✏️ 미디어 리터러시 역량

(비판적 이해 역량) 콘텐츠에 대한 비판적 분석과 분별적 이용 능력

(윤리 역량) 책임 있는 이용 능력

✏️ 학습 절차

도입	**사진의 종류에는 어떤 것이 있을까?** - 순수사진(예술사진), 보도사진, 광고사진(상업사진) 지도Tip) 사진의 특징과 종류에 대한 설명 후에 온라인에서 사진을 찾아 종류에 따른 분류를 해보는 것도 좋다. 학생들 각자가 좋아하는 사진이 어떤 종류인지 알아본다. 그리고 오늘 수업에서는 시의성 있는 보도사진을 다룬다는 안내 후 진행하면 좋다.
진행 1	**· 보도사진, 캡션(모둠 활동)** - 보도사진의 헤드라인, 캡션(사진 설명글) 이해하기 캡션에 대한 설명을 구체적으로 하면 다음 활동에 도움이 된다. 캡션에 대한 자료는 수업자료 파워포인트 활용 - 실습(모둠원 중 한 명이 사진 선택하여 제시하기) 　1) 주어진 사진만 보고 헤드라인과 캡션 작성하기

	2) 실제 헤드라인과 캡션 보고 비교하기
	3) 검색하여 모둠에서 3개의 사진 선정하기
	헤드라인만 보고 기사의 내용을 알 수 있는가? 왜 이런 헤드라인을 썼을까? 헤드라인을 보면 본문을 읽고 싶은가? 이 헤드라인의 특별한 점은? 이 헤드라인을 사람들은 어떻게 받아들일까? 내가 뽑은 헤드라인은? 뽑은 이유는 무엇인가?
	4) 캡션 모아보고 공통적인 특징 찾아보기(캡션의 길이, 내용의 특징, 문장 개수, 필수 항목)
진행 2	**퓰리처상을 수상한 보도사진**(수업자료 파워포인트 QR코드 선택하여 사용)
	- 퓰리처상 알아보기
	- 퓰리처상 받은 작품들의 공통점 찾아보기
	- 한국인 최초 퓰리처상 수상자 김경훈 기자의 사진 읽기
	- 김경훈 기자 인터뷰 영상 보기(앞 장에서 보았다면 넘어감)
	- 보도사진이 미치는 긍정과 부정적 영향력은 무엇인가?
정리	보도사진의 헤드라인과 캡션의 기능을 알고 헤드라인과 캡션 작성을 했는지 점검한다. 보도사진이 청소년에게 미치는 영향력을 긍정과 부정으로 나누어 설명한다.

보도사진을 읽자

힐링의자, 앉아볼까?

더위가 기승을 부리는 가운데 지난 25일, 노원구 중계동에 등장한 힐링 의자가 행인들의 눈길을 끌고 있다. 힐링 의자는 한 여름 더위에 횡단보도를 기다리는 시민들이 잠시 앉을 수 있으며 안 쓸 때는 접어 둘 수 있어 보행에 불편을 주지 않도록 설계되었다.

사진의 헤드라인
1. 뉴스와 같이 제목 있음.
2. 명료하게 요약한 짧은 문장 표현
3. 압축하여 간결하게 전달
4. 본문을 읽도록 유도하기 위한 흥미로운 표현 구성
5. 사진의 의미 해석

보도사진을 읽자

힐링의자, 앉아볼까?

더위가 기승을 부리는 가운데 지난 25일, 노원구 중계동에 등장한 힐링 의자가 행인들의 눈길을 끌고 있다. 힐링 의자는 한 여름 더위에 횡단보도를 기다리는 시민들이 잠시 앉을 수 있으며 안 쓸 때는 접어 둘 수 있어 보행에 불편을 주지 않도록 설계되었다.

나신나 기자

사진의 캡션(Caption)
1. 사진 의미 구체적으로 전달
2. 보통 두 세 문장으로 표현 육하 원칙 적용
3. 캡션 작성자의 이름 표시
4 사진에 대한 정보를 담고 있음
5. 뉴스 인물 사진은 이름 나열 후 "왼쪽으로부터 " 와 같이 표기한 후 이름 표기
6. 역사 관련 사진은 연도와 날짜 기록, 사진 소유권 표시

보도사진을 읽자

<실습> 모둠 활동, 발표학습

활동1> 사진만 보고 헤드라인, 캡션 작성해보기 실제 헤드라인과 캡션 보고 비교하기

활동2> 사진 3개 선정하여 헤드라인 비교하기 (활동자료1, 2)에 기록하기

보도사진을 읽자

사진 관련 영상 보기

➢퓰리처상 수상 작품 보기   ➢세상을 바꾼 사진 tvN   ➢한국이 퓰리처상 수상 사진기자 김경훈 인터뷰 영상

보도사진을 읽자

퓰리처상

➢저명한 언론인 J.퓰리처의 유산 50만 달러를 기금으로 하여 1917년에 창설
➢언론 분야는 뉴스·보도사진 등 14개 부문, 문학·드라마·음악 분야는 7개 부문에서 수상자를 선정
➢언론 분야에서는 미국 신문사에서 활동하고 있는 사람이어야 하고, 문학과 드라마, 음악분야는 반드시 미국 시민이어야 한다는 조건
➢언론 분야에는 2006년부터 허용. 2007년부터는 사진부문을 제외한 전 영역의 수상 대상에 온라인 콘텐츠를 포함

보도사진을 읽자

<실습> 모둠 활동, 발표학습

활동1> 퓰리처상 수상 작품 검색하여 찾기, 의논하여 모둠에서 한 작품 선정하여 긍정과 부정의 영향력 분석하기

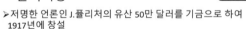

1. 모둠원 중 한 명이 보도사진 중 하나를 선택하여 헤드라인과 캡션 없이 사진만 보여주고, 모둠원은 각자 그 사진의 헤드라인과 캡션을 써봅시다.

2. 3개의 사진 선정하여 헤드라인 비교하기

	사진1	사진2	사진3
헤드라인만 보고 기사의 내용을 알 수 있는가?			
왜 이런 헤드라인을 썼을까?			
독자의 이목을 집중시키기 위해 특별한 방법을 사용했는가?			
헤드라인을 보면 본문을 읽고 싶은가? 그 이유는?			
이 헤드라인의 특별한 점은?			
이 헤드라인을 사람들은 어떻게 받아들일까?			
내가 뽑은 좋은 헤드라인은? 그 이유는?			

1. 3개 사진의 캡션의 공통적인 특징을 찾아봅시다.(캡션의 길이, 내용의 특징, 문장 개수, 필수 항목)

2. 퓰리처상 수상 작품 모아보고, 보도사진이 미치는 긍정과 부정적 영향을 분석해 봅시다.

🖋 학습 도움말

1. 사진만큼 중요한 헤드라인과 캡션

앞 장에서 사진을 찍을 때, 찍힐 때, 찍고 난 후의 향유에 대해 다루었다. 앞에서 다룬 것 못지않게 중요한 것은 사진 찍은 사람의 의도와 관점을 읽을 수 있어야 한다는 것이다. 하지만 사진만으로는 알 수 없는 현장의 상황이 많다. 이것을 보완해 주는 것이 헤드라인과 캡션이다. 또한 기사의 헤드라인은 독자가 본문을 계속 읽게 만들기 위하여 강렬하고 때론 자극적인 경우도 있다. 캡션을 제거하고 사진을 읽은 후 캡션을 보는 활동을 통하여 캡션의 중요성을 이해할 수 있다.

2. 퓰리처상이 절대적이지는 않다.

보도사진을 다룰 때 공신력 있는 퓰리처상을 활용하는 경우가 많다. 뉴스 보도를 강렬하게 전달하는 수상작이 많고, 그 사진이 반전 운동을 이끌거나 사회적 반향을 일으키는 경우도 많다. 하지만 교육에서 퓰리처상을 다룰 때는 좀 더 섬세한 접근이 필요하다. 퓰리처상 수상작들은 사건 현장의 처참함, 한 사람의 마지막 삶, 강렬한 사회 고발 순간을 담고 있기에 청소년들에게 적합하지 않을 수도 있다. 사진의 강렬함, 자극적인 것에 관심이 맞춰지지 않도록 보도사진의 특징과 성격, 헤드라인 등에 대해 이해한 후 보도사진을 보며 리터러시 활동을 할 필요가 있다. 또한 상을 받지 않아도 사람들의 관심을 끌고 사회에 선하고 좋은 영향력을 미치는 보도사진도 많다. 학생들이 언론사 사이트에서 다양한 보도사진을 접하고, 같은 사건을 다르게 찍은 보도사진의 관점에 대해 친구들과 이야기 나눈다. 이는 같은 사진을 다르게 보기도 하고, 같은 사건을 다르게 찍어 전달하기도 하는 경험이 될 것이다.

✏️ 평가

· **수업 후 셀프 체크리스트** (1:부족함, 2:보통, 3:잘함) – 학생용

평가 내용	상	중	하
사진의 헤드라인과 캡션을 작성할 수 있었는가?			
퓰리처상 수상 작품을 이해할 수 있었는가?			
보도사진의 영향력을 긍정과 부정으로 나누어 설명할 수 있었는가?			

· **수업 후 셀프 체크리스트** (1:부족함, 2:보통, 3:잘함) – 교사용

세부 내용	상	중	하
사진의 헤드라인과 캡션 작성을 위한 길잡이 역할을 잘했는가?			
사진의 헤드라인과 캡션 분석에 적절한 개입과 조언을 했는가?			
퓰리처상 수상 작품을 통하여 보도사진의 영향력을 이해했는가?			

· **루브릭 평가**

평가 요소	평가 내용	상	중	하
심미적 감성 역량	퓰리처상 수상 작품을 통하여 사진의 영향력을 알 수 있었다.			
지식정보 처리 역량	주어진 사진을 바탕으로 헤드라인과 캡션을 작성할 수 있었다.			
협력적 소통 역량	모둠원들과 헤드라인 분석을 위하여 협력적 소통을 할 수 있었다.			

생활기록부 작성 사례

퓰리처상 수상 작품을 통하여 보도사진의 특징을 이해하고 그 영향력을 장단점으로 나누어 설명함. 헤드라인과 캡션의 분석을 바탕으로 모둠원과 협력적으로 소통하며 사진의 헤드라인과 캡션을 작성함.

사진 3 - 보도사진 촬영

✏️ 학습 목표(초등 고학년 이상)

사진 촬영 방법을 이해하고 보도사진을 촬영하여 전달할 수 있다. 보도사진을 찍을 때의 책임감과 주의점을 제시할 수 있다.

(지식정보 처리 역량) 사진 촬영을 위한 앵글, 컷, 삼분할 법칙을 알고 적용하여 촬영할 수 있다.

(공동체 역량) 공동체에 알리기 위한 문제적 상황을 촬영할 수 있다.

(협력적 소통 역량) 보도사진 촬영의 윤리와 책임에 대하여 모둠원들과 의견을 나누고 정리할 수 있다.

✏️ 미디어 리터러시 역량

(창작 역량) 미디어 제작 능력

(참여 역량) 공유 네트워킹 능력

✏️ 학습 절차

도입	**우리 주변에서 알리고 싶은 일이 있다면?** - 내 스마트폰의 갤러리를 열어서 주로 어떤 사진들을 많이 찍었는지 분류해 본다.(인물 사진, 풍경 사진, 음식 사진 등)
진행 1	**· 우리들의 보도사진전** - 사진 촬영의 이해(앵글, 컷, 삼분할 법칙) 지도Tip) 일반적 사진 구도로 삼각형 구도, 삼분할 구도, 수평 구도의 특징과 촬영에 적용하는 방법에 대한 설명을 들으며 바로 사진을 찍어보는 실습도 함께 한다. 사진 컷과 앵글을 활용하여 주변의 모습과 친구들을 모델로 사진을 찍어보도록 한다. 컷과 앵글에 따라 어떤 느낌을 표현하며 어떤 상황에서 사용하면 좋을지 모둠에서 이야기 나눈다.

	- 주변의 보도 가치가 있는 현장 찾아 촬영하기
	무엇을 알리고 싶은가? 왜 알리고 싶은가? 이 상황을 알리기 위한 효과적인 사진 촬영 방법은 무엇인가? 사람들은 내가 찍은 보도사진을 어떻게 받아들일까?
	- 각자 찍은 사진을 모아 보도사진 전시하기
	- 평가 기준 의논하여 평가 항목을 표로 만들어 심사, 발표
	평가 기준은 모둠별로 제시한다. 모둠별로 제시한 기준을 전체 하나로 모아본다. 모두가 공적으로 제시한 평가 기준이 있는지 살펴보고 그 기준의 중요성을 이야기 나눈다.
진행 2	**보도사진 촬영의 윤리와 책임(모둠 활동)**
	- '진행 1'에서 찍은 나의 보도사진은 보는 사람들에게 어떻게 받아들여졌는지 들어보기. 나의 의도가 제대로 전달되었는지 확인하기. 내가 찍은 사진의 문제점 찾기(2인 1팀이 되어 서로 문제점 찾아주기도 효과적임)
	- 퓰리처상 수상 작품 중에서 사회적 논란이 있었던 작품 검색해 보기
	사회적 논란을 일으킨 퓰리처상 수상 작품 하나를 선정했다면 다음과 같은 질문을 던져 그 답을 조사해 본다. 왜 논란이 되었는가, 무엇이 논란이 되었는가? 보도사진 기자의 입장은 어떠한가? 논란의 진행과 결론은 어떻게 되었는가? 그 작품에 대한 내 생각은 어떠한가? 보도사진을 찍을 때 주의할 점은 무엇인가? '진행 1'에서 주의점을 잘 지켜 찍었는가?
정리	·주변의 문제점을 알리는 사진을 효과적으로 전달하기 위한 사진을 촬영하고, 전시 평가하기
	주변에 버려지는 쓰레기, 일회용품 사용, 청소년들이 다니기 두려운 으쓱한 거리의 조명 등 우리 주변의 문제점을 알리고 더 나은 방향으로 해결 가능한지 알아본다.
	·보도사진 촬영에서 윤리적 문제와 책임에 대하여 이야기 나누기

나도 사진 기자

보도 사진

➢신문과 잡지, 인터넷 등 언론매체에 대중의 관심을 불러 일으킬 이슈가 되는 사건 사고 인물 등의 사진

➢1934년 일본에서 독일의 로포르타쥬(reportage)란 말을 일본의 시대적 상황에 맞게 번역하여 처음 사용

➢신문사진, 잡지사진 모두 포함

➢특징 – 사실성, 기록성, 왜곡성, 주관성, 상징적 사용

나도 사진 기자

보도사진의 종류

➢현장 보도 사진

➢일반 뉴스 사진

➢스포츠 사진

➢피처 사진

➢인물사진

나도 사진 기자

보도 사진 촬영 구도

• 일반적 사진 구도 – 삼각형 구도, 3분할 구도, 수평구도

➢ 삼각형구도
- 가장 많이 사용
- 시각적 안정감 줌

➢ 3분할 구도
- 3분할 지점의 교차점에 주제 배치
- 주제의 균형과 안정감 줌

➢ 수평(수직)구도
- 주제를 일직선상
- 메시지를 한번에 읽을 수 있음

나도 사진 기자

보도 사진 촬영 앵글 (사물 바라보는 시각)

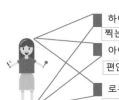

하이 앵글
찍는 대상 왜소하거나 나약하게 표현됨

아이레벨 앵글
편안하고 안정된 분위기 표현

로우 앵글
속도감, 운동성, 긴장감, 억압 표현됨

나도 사진 기자

<실습> 모둠 활동, 발표학습

활동1> 보도 사진 촬영 계획 세우기
(활동자료 1에 기록하기)

활동2> 친구들이 찍은 보도 사진의 평가 항목 만들기 – 항목 만은 후 평가하기 (긍정평가 중심)

나도 사진 기자

<실습> 보도사진 촬영할 때의 책임과 주의점 찾기

- 캐빈 카터의 1994년 퓰리처상 수상작 '수단의 굶주린 소려' 작품 예시 활용,
- 포스티잇 이용하여 친구들 의견 모으기,
- 활동자료 1에 기록)

1. 주변의 보도 가치가 있는 현장 촬영을 위한 질문에 답해 봅시다.

무엇을 알리고 싶은가?	
왜 알리고 싶은가?	
이 상황을 알리기 위한 효과적인 사진 촬영 방법은 무엇인가?	
이 보도사진을 소비자는 어떻게 받아들일까?	

2. 모둠원과 협의하여 보도사진의 평가 기준 항목을 만들어봅시다.

평가 항목	친구 1	친구 2	친구 3	친구 4

3. 보도사진 촬영할 때의 책임과 주의점을 제시해 봅시다.

🖊 학습 도움말

1. 보도사진 촬영

보도사진이라고 하면 문제점을 지적하는 것으로 생각하기 쉽다. 보도사진은 신문이나 방송 등을 통하여 일반 사람들에게 새로운 소식을 알리는 사진이다. 계절을 알리는 사진, 훈훈한 미담을 알리는 사진도 보도사진에 속한다. 단, 개인적인 관심사보다는 많은 사람들이 관심을 가지는 주제를 찾는 노력이 필요하다.

2. 보도사진 전시와 평가는 잘했다, 못했다를 평가하는 것이 아니다.

여기에서 평가란 보도사진의 종류와 촬영 목적, 특별한 효과 촬영 방법, 소비자가 어떻게 받아들이는지에 대한 리터러시의 과정이다. 점수를 매겨 1등, 2등을 가리는 목적이 아님을 명확하게 해야 한다. 보도사진의 평가 기준은 모둠별로 협의하는 과정을 거친다. 모둠별로 평가 기준을 모두 모아본 후, 반복적으로 많은 평가 기준이나 지도자가 판단하여 좋은 평가 기준이 있다면 전체에 소개하고 모두에게 적용하는 것도 좋다.

3. 논란이 많은 퓰리처상 수상 작품으로 윤리와 책임 범위를 한정한 이유

보도사진은 언론사별로 매일 많은 양이 쏟아져 나온다. 보도사진을 검색해 보면 정보의 홍수에 놀랄 것이다. 그래서 대표적으로 퓰리처상 수상 작품 중에서 논란이 있었던 것으로 한정하면 모둠별로 같은 작품이 선정되는 경우도 있다. 지도자가 보도사진을 제시하는 것보다 학생들 스스로 찾으면 더 많은 수업 참여를 유도할 수 있다.

✏️ 평가

· **수업 후 셀프 체크리스트**(1:부족함, 2:보통, 3:잘함) – 학생용

평가 내용	상	중	하
앵글, 컷, 삼분할 법칙을 적용하여 사진을 촬영할 수 있었는가?			
문제 상황을 알리는 사진을 촬영할 수 있었는가?			
보도사진 촬영의 윤리와 책임에 대하여 이야기할 수 있었는가?			

· **수업 후 셀프 체크리스트**(1:부족함, 2:보통, 3:잘함) – 교사용

세부 내용	상	중	하
사진 촬영에 필요한 앵글, 컷, 삼분할 법칙에 대해 잘 설명했는가?			
문제의식을 느끼고 주변 상황을 볼 수 있도록 이끌었는가?			
보도사진 촬영의 윤리와 책임에 대하여 이해할 수 있도록 이끌었는가?			

· **루브릭 평가**

평가 요소	평가 내용	상	중	하
지식정보 처리 역량	앵글, 컷, 삼분할 법칙을 적용하여 사진 촬영을 하였다.			
공동체 역량	문제적 상황을 알리는 사진을 촬영하였다.			
협력적 소통 역량	보도사진 촬영의 윤리와 책임에 대하여 이야기할 수 있었다.			

생활기록부 작성 사례
사진을 통하여 문제 상황을 공동체에 알리기 위하여 주변을 관찰함. 보도사진 촬영에서 윤리와 책임에 대한 토의 토론으로 자신의 의견을 정리하여 발표할 수 있음.

5 정보를 담은 그림, 인포그래픽

인포메이션 그래픽(Information Graphics)의 줄임말로, 이름 그대로 정보를 시각적인 이미지나 데이터로 표현하여 메시지를 전달하는 것을 인포그래픽이라고 한다. 이름이 생소할 수 있지만, 학교에서 받은 교과서 가운데 다양한 지도와 통계 자료를 담고 있는 사회과 부도나 연대별로 정리한 왕의 정보를 담고 있는 역사 부도가 그것이다. 이러한 인포그래픽은 오래전부터 사용되었는데, 1970~80년대 학교에서 사용하던 사회나 과학 정보를 담은 차트도 포함된다. 이 밖에 정보를 담은 다양한 시각 자료 등이 있으며, 이러한 데이터 자료가 대중 미디어에 등장하면서 널리 이용되고 있다. 다양한 미디어의 발달은 인포그래픽에도 영향을 미쳤는데, 구제역이 발생했던 2011년에 누리꾼들이 자발적으로 나서서 구제역 매몰지 지도(https://www.opengirok.or.kr/2254)를 만들어 SNS를 통해 공유한 것이 화제가 되기도 했으며, 이러한 현상은 코로나19 상황에서도 빛을 발했다.

인포그래픽은 그래픽을 기반으로 정보를 쉽고 빠르게 이해할 수 있도록 도표화하거나, 전하고자 하는 메시지에 따라 흥미를 유발할 수 있는 형태로 시각화하여 제작

된다. 통계나 내용을 표로 구성하여, 주제에 해당하는 이미지에 담아서 제작된다. 예를 들어 돼지고기의 가격 변동을 알려주는 글을 쓰고자 할 때, 한 마리의 돼지 이미지 속에 가격 변동 그래프를 삽입하는 것이다. 이렇게 나타내면 돼지에 관한 정보라는 것을 쉽고 빠르게 전달할 수 있다. 이러한 인포그래픽은 사람들이 정보를 이해하는 시간을 줄여줄 뿐만 아니라 더 오래 기억하는 효과가 있다.

인포그래픽은 통계 자료를 바탕으로 하기 때문에 사람들의 신뢰를 얻고 관심을 끈다는 장점이 있다. 그래서 인포그래픽에 사용하는 통계 자료는 통계청을 비롯한 다양한 공공기관에서 만들고 관리하는 것을 바탕으로 하는 것이 좋다.

인포그래픽 리터러시는 눈에 보이는 데이터와 직설적으로 드러나지 않은 데이터를 읽는 것이다. 이러한 정보는 모든 미디어 리터러시가 그러하듯 개인의 경험과 지식의 격차에 따라 다르게 이해될 수 있다. 그러므로 다양한 시각으로 생각하고, 편견 또는 오해가 없는지를 확인하는 것이 좋다. 이를 위해 인포그래픽의 구성을 이해할 필요가 있다.

인포그래픽은 전하고자 하는 메시지, 즉 내용(content)을 다양한 지식(knowledge)을 바탕으로, 사람들의 관심을 끄는 비주얼(visual)로 제작된다. 그러므로 정보를 보이는 형태로 가공한 인포그래픽 속에서 주제와 전하는 메시지, 주제에 대한 근거로 제시한 지식은 무엇인지 등을 읽어내야 한다. 이러한 인포그래픽은 다음과 같이(146쪽) 분류할 수 있다.

이렇게 정보를 시각화하는 데 중요한 몇 가지가 있다. 첫째는 색과 그래픽을 적절하게 디자인해야 정보를 효과적으로 전달할 수 있다는 것이다. 색은 여러 가지 시각 요소 중 전달력이 강한 그래픽 도구이다. 흑백보다 컬러가 좋아 보이기는 하지만, 너무 많은 색을 사용하면 오히려 가독성을 떨어뜨릴 수도 있으므로 주제에 어울리는

구분	내용
스토리텔링형 (설명형)	텍스트를 중심으로 설명하거나 기승전결 방식으로 전개하는 정보 제공 방식
통계형(도표형)	가장 일반적 유형으로 숫자를 표와 그래프로 나타내는 방식
타임라인형	선정된 주제와 관련하여 월별 연도별 정보를 타임라인 형태로 나타내는 방식
과정 중심형 (프로세스형)	일의 절차나 검증, 논증을 설명하는 데 중점을 둔 방식
지도형 (위치, 지리 기반)	특정 국가나 특정 지역의 위치 정보를 바탕으로 데이터를 한눈에 보기 좋게 담는 방식
비교 분석형	둘 이상의 개념이나 대상을 비교하는 방식
계층형	일의 크기에 따라 나누어 설명하는 방식
나열형	관련성 있는 것끼리 묶어서 만드는 방식

중심 색상을 정하는 것이 좋다. 가령 '가을' 하면 갈색 계통을 떠올리는 것과 같다. 이때 색의 선택은 물론이고 밝기에 해당하는 명도와 선명도를 나타내는 채도를 활용하여 주제에 어울리는 디자인을 고민한다. 컬러 감각이 떨어진다면 파워포인트와 같은 문서 프로그램이 제공하는 기본 색상표를 이용하는 것도 도움이 된다.

둘째는 수치와 단위의 정확성이다. 통계를 바탕으로 하는 인포그래픽에서 단위의 크기가 cm인지 mm인지에 따라 아주 큰 차이를 나타낸다. 또한 숫자 '0' 하나가 빠짐으로써 큰 오류를 범할 수 있다. 그러므로 숫자와 단위는 반드시 여러 번 확인하여야 한다.

셋째는 정보의 출처 기록이다. 정보를 어딘가에서 가져왔다면 그 출처를 밝혀야 정보의 신뢰도를 높일 수 있다. 이는 혹시나 발생할 오류로부터 책임을 피할 수 있는 근거가 되기도 한다.

넷째는 인포그래픽이 담고 있는 정보에는 왜곡이 없어야 한다는 것이다. 간혹 극적 효과를 노리고 자신이 하고자 하는 이야기를 과장하거나 터무니없이 비교하기도 한다. 가장 흔한 예로 맥도날드 매장의 수와 비교하는 통계가 많다. 가령 우리나라 치킨집의 수(4만여 개)나 이동통신 대리점(3만 7,200개)의 수를 맥도날드 매장(3만 6천 개)의 수와 비교하는 식이다. 이러한 정보는 오히려 신뢰성을 의심받는다는 점에 주의해야 한다.

참고 자료

• 스투디오트레, 《비 오는 날 읽는 그래픽 디자인의 역사》, 안그라픽스
• 마틴＆시몬 토슬랜드, 《인포그래픽 포트폴리오 101》, 황금부엉이
• 김정한, 《신문 정보그림의 이해와 활용》, 커뮤니케이션북스

인포그래픽 1 - 정보 그림 읽기

🖉 학습 목표(초등 고학년 이상)

정보의 시각화를 이해하고, 정보를 그림으로 표현할 수 있다.

(지식정보 처리 역량) 지식과 경험을 활용하여 시각화를 구성할 수 있다.

(협력적 소통 역량) 자기의 생각이 타인에게 전달되도록 표현할 수 있다.

(공동체 역량) 공동체 사회의 약속을 활용하여 생각을 전할 수 있다.

🖉 미디어 리터러시 역량

(생산 역량) 목적에 맞게 활용, 미디어 형식에 맞게 표현

(향유 역량) 심미적 감상, 미디어 경험

🖉 학습 절차

도입	**모둠 짓기** 4명이 한 모둠이 되도록 구성한다.
진행 1	**· 시각화 이해하기** 비주얼 씽킹, 픽토그램, 인포그래픽으로 검색하고, 다양한 이미지를 보여준다. 지도Tip) 정보를 그림으로 보여주는 다양한 시각 자료를 먼저 살펴본다. 한국언론진흥재단 등의 공공기관에서 스마트폰이나 청소년의 미디어 사용에 관한 통계를 시각화한 자료들을 살펴보는 것도 좋다. **· 정보의 시각화_1. 비주얼 씽킹** 자기의 생각이나 감정 또는 정보를 글과 그림을 이용하여 시각적으로 나타내는 표현 방법을 말한다. 글로 된 정보를 그림으로 체계화하여 이해하기 쉽고 기억하기 좋게 돕는 사고 방법이다. 얼굴, 표정, 사물 등을 비주얼 씽킹으로 그리는 연습을 한 후 '활동자료 ①'의 제시어를 비주얼 씽킹으로 나타내고 발표한다. 비주얼 씽킹은 픽토그램과도 의미가 유사하다. 다만 더욱 다양한 것을 표현하고 활용한다는 점에서 비주얼 씽킹을 사용한다. 이때 그림은 의미가 전달될 수 있도록 짧은 시간에 쉽고 단순하게 그리

	는 것이 특징이다. 그래서 비주얼 씽킹 수업을 위해서는 간단하게 표현하는 연습이 필요하며, 이와 관련한 책들이 시중에 많으므로 도움 자료로 활용하여 감정 표현이나 행동 표현 등을 연습한다. 정보를 시각화하였을 때 장점 나누기 '활동자료 ①'의 질문에 대해 모둠이 의견을 나눈 후 각자의 그림을 완성한다. 모둠에서 발표하고 친구들은 어떠한 생각을 하였는지 공유한다. 정보를 시각화하였을 때의 장점은 다음과 같다. – 이해하기 쉽다. – 영감을 얻는다. – 설득력이 높다. – 의사 결정 속도가 빠르다. – 시간과 에너지를 절약할 수 있다.
진행 2	**· 정보의 시각화_2. 뉴스 비주얼 씽킹** 뉴스를 선정하고, 이를 '활동자료 ②'에 비주얼 씽킹으로 표현한 후 뉴스를 붙여 정리한다. 이때 뉴스는 간단하게 요약할 수 있거나, 단락이 잘 나뉘는 것으로 제공하거나 직접 찾도록 지도한다. '활동자료 ②'에 비주얼 씽킹으로 표현하는 활동은 다음과 같은 순서로 진행한다. ① 뉴스 내용 정리, ② 단어의 시각화, ③ 비주얼 씽킹으로 한 장에 표현하기 이때 다음의 내용을 참고하여 지도하면 좋다. ① 비주얼 씽킹은 한 장의 그림 안에 모두 표현하는 것이 기본이다. 그러므로 뉴스를 작은 단락으로 쪼개거나, 문제나 상황 등을 중심으로 나누어 정리하도록 지도한다. ② 단어를 시각화할 때는 공동의 사고를 바탕으로 사람들이 이해할 수 있는 형태로 표현하도록 지도한다. '활동자료 ②'의 질문에 대해 자기의 생각을 작성한 후 모둠에서 발표한다. 발표 후 자기의 결과물에 대해 다음을 기준으로 자기평가를 한다. ① 출처는 담았는가? ② 이미지는 공공성을 확보하였는가? ③ 뉴스의 내용을 정확하게 담았는가? ④ 뉴스의 내용이 잘 전달되도록 구성하였는가? 이것은 정보를 시각화하는 데 초점을 둔 활동이다. 그러나 활동하는 것뿐 아니라 자기 점검을 통해 미흡한 부분을 스스로 알아가도록 지도하는 것이 필요하다.
정리	· 시각화 이해(비주얼 씽킹, 픽토그램, 인포그래픽 등) · 비주얼 씽킹의 개념 · 뉴스를 비주얼 씽킹으로 표현할 때 고려해야 할 것 · 정보의 시각화에 대한 생각 나누기

활동자료 ① – 정보의 시각화_1 작가 검색 / A4로 확대, 1인 1장 출력

단어	미디어	스마트폰	소통
비주얼 씽킹 시각화			

단어	미디어	스마트폰	소통
비주얼 씽킹 시각화			

단어	미디어	스마트폰	소통
비주얼 씽킹 시각화			

	좋았거나 유익한 점	불편한 점
비주얼 씽킹		

뉴스	
제목	
요약 또는 단락 정리	

비주얼 씽킹으로 시각화 필요한 단어			

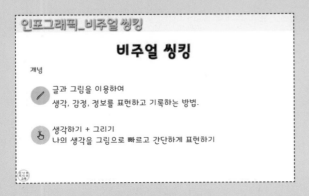

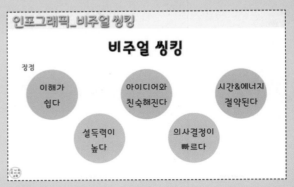

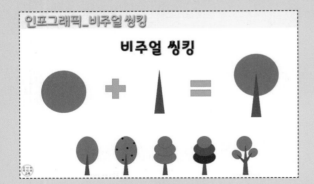

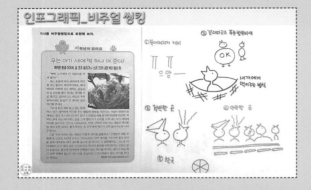

✏️ 학습 도움말

1. 안다고 생각한 것과 아는 것의 차이

학생들에게 뉴스를 비주얼 씽킹으로 표현하게 하였을 때, '뉴스를 그림으로 표현하는 게 어떤 의미가 있는가?'에 대해 질문을 받을 수 있다. 이 활동이 단순히 뉴스를 그림으로 옮겨놓는 것처럼 보이기 때문이다. 그런데 뉴스를 제대로 이해하지 못하면 그림으로 표현할 수 없다는 점에 주목할 필요가 있다. 안다고 생각하고 지나간 것은 그림으로 그려낼 수 없다. 그림으로 그려내기 위해서는 제대로 알아야 한다. 무언가를 안다고 생각한 것과 실제로 아는 것은 차이가 크다. 안다고 생각한 것은 그림으로 표현하기 어렵지만, 제대로 알고 있는 것은 타인이 이해하도록 그림으로 표현할 수 있다.

2. 예쁜 그림이 아닌 의미가 담긴 간단한 그림

비주얼 씽킹으로 표현할 때는 예쁜 그림이 아니라, 사람들이 공감할 수 있는 그림을 그리는 것이 중요하다. 그러므로 창의력도 중요하지만, 공동체가 가진 약속을 바탕으로 표현해야 한다. 인포그래픽도 마찬가지다. 그림을 그리는 사람의 창의적인 발상보다 그 정보를 읽게 될 타인의 시각에서 먼저 생각해 봐야 한다. 그러므로 특정한 단어에 대해 약속된 이미지를 찾아내고, 그것을 어떻게 표현하는 것이 좋을지를 생각해 봐야 한다. '활동자료 ①'에 대해 각자의 생각보다 각 단어를 사람들이 어떻게 생각하는지를 먼저 생각하고 그리는 것이 필요하다.

✏️ 평가

인포그래픽 2 - 인포그래픽 읽기

✏️ 학습 목표(초등 중학년 이상)

인포그래픽의 개념을 이해하고, 인포그래픽의 영향력을 이해할 수 있다.

(지식정보 처리 역량) 지식과 경험을 바탕으로 인포그래픽을 읽을 수 있다.

(심미적 감성 역량) 다양한 인포그래픽을 향유할 수 있다.

(협력적 소통 역량) 자기의 생각이 타인에게 전달되도록 표현할 수 있다.

✏️ 미디어 리터러시 역량

(향유 역량) 심미적 감상, 미디어 경험

(비판 역량) 정보의 이해, 정보의 판별, 정보 평가

✏️ 학습 절차

도입	**모둠 짓기** 4명이 한 모둠이 되도록 구성한다.
진행 1	**· 인포그래픽 맛보기** 지도Tip) 뉴스 검색을 통해 현재 가장 이슈가 되는 주제에 관한 인포그래픽이나 학생들과 관련된 자료를 보여준다. 다양한 인포그래픽 가운데 오늘 수업과 관련된 것으로 뉴스 정보를 시각화하는 데 도움이 된다. **· 인포그래픽의 개념** 정보를 시각적인 이미지나 데이터로 표현하여 메시지를 전달하는 것을 말한다. 글로 된 정보를 그림으로 체계화하여 이해하기 쉽고 기억하기에 좋은 사고 방법이다. 인포그래픽의 개념은 앞의 내용을 참고하여 지도하되, '진행 2'에서 인포그래픽에 담긴 내용을 분석하는 활동을 하게 되므로, 간단하게 지도한다. **· 인포그래픽 정보 읽기_1. 보이는 것** 각자 찾은 인포그래픽을 바탕으로 인포그래픽의 내용을 다음의 기준으로 읽고 '활동자료 ①'에 작성한다.

① 제목과 주제 ② 출처 ③ 그래프와 통계 내용 ④ 그 외

이 차시는 학습자가 인포그래픽을 이해하였는지를 확인하고, 이어지는 활동을 위해 간단하게 읽는 것에 초점을 둔다. '④ 그 외'는 자유로운 활동을 위해 열어둔 것이므로 지도자가 항목을 선정할 필요는 없다.

· 인포그래픽 정보 읽기_2. 분석적 읽기

교사를 중심으로 하나의 인포그래픽을 전체가 함께 읽는 활동을 한다. 이때 다음을 중심으로 읽기를 진행한다.

① 제목과 주제 ② 출처 ③ 시각화 디자인 ④ 그래프 및 통계의 객관성, 적절성 ⑤ 시각화의 공공성
⑥ 시각화의 과장 왜곡 등 문제 파악 ⑦ 인포그래픽이 담고 있는 의도 확인

앞 시간에 이어 인포그래픽을 분석하는 활동이다. 이를 위해 지도자는 인포그래픽을 제시할 때 잘된 자료보다 위의 내용이 드러난 것을 선택하는 것이 좋다.

· 인포그래픽 분석

지도자가 새로운 인포그래픽 자료를 제공하거나 각자 인포그래픽 정보를 찾도록 하여 '활동자료 ②'와 같이 분석한다.

'활동자료 ②'는 미디어 리터러시 역량 가운데 비판적(분별적) 사고 역량이다. 이러한 역량은 한 번에 향상되기 어렵다. 그러므로 현재 학습하는 학생들의 역량 수준이 개인적으로 활동하는 데 어려움이 있다면, 1개 그룹이 하나의 뉴스를 가지고 토의하며 작성해도 좋다.

결과를 바탕으로 인포그래픽에 관한 뉴스를 작성한다. 뉴스는 다양한 형태로 작성할 수 있다.

'활동자료 ②'에 작성한 내용을 바탕으로 뉴스를 작성한다. 이때 글쓰기 방향은 다음과 같이 다양한 유형 중 하나를 선택할 수 있다.

① 인포그래픽 정보를 육하원칙으로 보도하는 스트레이트 뉴스를 작성한다.

② 비판적으로 사고할 것이 많은 뉴스라면 인포그래픽 정보가 미치는 영향을 중심으로 칼럼이나 독자의 글을 작성해도 좋다.

③ 인포그래픽을 설명하는 뉴스 해설, 사설을 작성해도 좋다.

글의 형식은 학생들이 검색을 통해 샘플을 찾고 참고하여 작성해도 좋다. 실제 수습기자가 선배 기자의 글을 참고하기도 한다.

진행 2

정리

· 인포그래픽 맛보기
· 인포그래픽에 보이는 정보 읽기
· 인포그래픽에 보이지 않는 정보까지 분석적으로 읽기
· 비판적 읽기를 바탕으로 사회에 알리는 글쓰기로 참여함

인포그래픽 개념	
인포그래픽 제목	
출처	
내용	
그 외	

인포그래픽 제목	
출처	
그래프&통계 객관성, 적절성	
시각화 디자인	
시각화의 과장, 왜곡 등	
인포그래픽 속 의도	
그 외	

수업자료

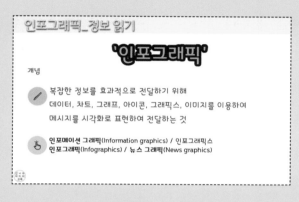

1. 인포그래픽 읽기

인포그래픽을 감상하기 위해서는 기준이 필요하다. 처음 맛보기에서는 학생들에게 인포그래픽을 보며 자신만의 기준을 정리해 보게 한다. 이후 지도자는 학습 활동에서 피드백해야 하는데, 이때《인포그래픽 포트폴리오 101》(마틴&시몬 토슬랜드, 황금부엉이)을 참고한다. 이 책에는 실제 데이터를 이용하여 만든 순위, 정보, 숫자 데이터, 타임라인, 위치, 5가지 분야의 101개 인포그래픽이 실려 있다. 인포그래픽에 대한 분석은 물론 구성, 배치, 색상 등 디자인 관련 팁도 함께 제공한다. 인포그래픽이 생소하고 어떻게 분석해야 할지 막막하다면 참고해 보자.

2. 인포그래픽을 주제로 뉴스 작성

주어진 정보를 인포그래픽으로 작성하는 것이 아니라, 인포그래픽의 장점과 단점 또는 느낀 점을 뉴스로 작성하는 활동이다. 이를 위해 학생들은 뉴스를 작성하는 방법에 대해 익힐 필요가 있다. 선행되어 있지 않다면 이 책의 2부 2장 '뉴스, 세상을 바로 보는 창, 나를 보는 거울'을 참고하여 수업 중에 지도할 필요가 있다. 시간이 부족하다면 참고할 수 있는 뉴스를 샘플로 제공할 수 있다. 또한 '인포그래픽'에 대한 지식백과 검색을 통해, 자기의 생각을 더욱 구체화할 수 있도록 지도해도 좋다. 실제 수습기자들은 선배 기자의 글을 바탕으로 일부를 바꾸는 글쓰기 훈련을 한다. 우리의 수업은 학생들이 미디어를 경험하고 리터러시를 해야 하는 이유를 알 수 있도록 하는 것이다. 따라서 무에서 유를 창조하는 것보다 기존의 뉴스를 통해 자기 생각을 제대로 표현할 수 있도록 지도하는 것도 여러 가지 방법 가운데 하나이다.

✏️ 평가

· **수업 후 셀프 체크리스트**(1:부족함, 2:보통, 3:잘함) – 학생용

평가 내용	상	중	하
인포그래픽의 개념을 이해하였는가?			
인포그래픽이 담고 있는 정보를 읽을 수 있는가?			
인포그래픽의 정보를 비판적으로 분석할 수 있는가?			

· **수업 후 셀프 체크리스트**(1:부족함, 2:보통, 3:잘함) – 교사용

세부 내용	상	중	하
단어를 시각화하여 표현하기 위해 노력하는 태도를 지녔는가?			
공동체 사회의 약속을 바탕으로 생각을 표현하는 능력을 향상했는가?			
타인의 이해를 위해 제대로 알고자 노력하였는가?			

· **루브릭 평가**

평가 요소	평가 내용	상	중	하
지식정보 처리 역량	지식과 경험을 바탕으로 융합적 사고를 할 수 있다.			
협력적 소통 역량	자기의 생각을 효과적으로 표현할 수 있다.			
공동체 역량	공동체 사회의 약속을 활용하여 생각을 표현할 수 있다.			

생활기록부 작성 사례
정보의 시각화에 관한 개념을 이해하고 자기가 가진 정보를 타인이 이해할 수 있도록 공동체의 약속을 바탕으로 비주얼 씽킹으로 표현함.

인포그래픽 3 - 인포그래픽 제작

✏️ 학습 목표(초등 중학년 이상)

인포그래픽 리터러시를 이해하고 인포그래픽을 제작하고 공유할 수 있다.

(지식정보 처리 역량) 지식과 경험을 바탕으로 인포그래픽을 구성할 수 있다.

(창의적 사고) 다양한 지식과 경험을 융합하여 인포그래픽을 제작할 수 있다.

(공동체 역량) 공동체 구성원에게 요구되는 가치를 바탕으로 참여할 수 있다.

✏️ 미디어 리터러시 역량

(생산 역량) 목적에 맞게 활용, 미디어 형식으로 표현

(참여 역량) 정보 이해, 정보 판별, 정보 평가

✏️ 학습 절차

도입	**모둠 짓기** 4명이 한 모둠이 되도록 구성한다.
진행 1	**· 인포그래픽 맛보기** 공공기관에서 발표한 자료를 통해 다양한 인포그래픽을 만난다. 지도Tip) 현재 가장 이슈가 되는 주제에 관한 인포그래픽이나 학생들과 관련된 자료를 보여주면 정보의 시각화라는 뜻을 이해하게 된다. **· 인포그래픽의 개념** 정보를 시각적인 이미지나 데이터로 표현하여 메시지를 전달하는 것을 말한다. '인포그래픽 2'를 수업했다면 복습 차원에서 간단히 다룬다.
진행 2	**· 인포그래픽 제작 순서** 인포그래픽 제작 과정을 익히고, '활동자료 ①'을 작성한다.

순서	내용
정보 수집	주제에 대한 텍스트 정보 수집, 주제에 따른 이미지(사진, 광고, 영상 등) 수집 정보 출처 기록
아이디어 스케치	주제를 어떻게 해석할 것인가에 대한 기준 설정 삶과 연계, 정보의 쓰임 고려, 통계의 오류나 분석의 오류 등에 관해 사고
정보 가공	정보 가운데 밖으로 드러낼 부분 생략, 강조, 변형, 은유, 수치 등으로 표현 바꿈
정보 형태	한 장에 표현 / 애니메이션 / 그래픽 영상 등 인포그래픽 분류(146쪽) 참고
정보의 시각화	미디어 선정 / 텍스트와 그래픽의 적절한 조화 정보의 중요도에 따라 강약 조절 / 색상 고려 시간의 흐름 고려 / 시각화의 통일성 등

전체 과정을 이해하고 제작에 돌입하도록 지도한다. 전체 그림을 모르는 상태에서 하나씩 따라 하는 것은, 창의나 주체의 측면에서 성과를 거두기 어렵다. 이해를 돕기 위해 블로그 등을 참고하면 좋다. 가령 '독일 교환학생 필수 꿀템 정보'로 검색하면 다양한 정보가 쏟아진다. 그중 Rare의 블로그(https://blog.naver.com/tripleace07/222710013194)는 독일에 교환학생으로 갈 때 필요한 필수품을 인포그래픽으로 보여주고, 해당 페이지를 위해 인포그래픽을 제작했던 과정을 설명하고 있어서 참고할 만하다.

'활동자료 ①'은 정보 수집의 단계이다. 정보 수집을 위해서는 주제를 먼저 선정해야 한다. 주제에 대한 정보는 텍스트뿐 아니라 사진, 통계, 광고 등 다양한 자료를 수집하고 출처는 반드시 표기하여야 한다. 해당 프로그램이 인포그래픽 두 번째 시간이라면 제작 순서에 대해 간단히 다루고 제작에 더 많은 시간을 배분해도 좋다.

· 인포그래픽 제작
정보의 수집이 끝나면 정보를 재가공하기 위해 다음을 바탕으로 점검한 후 큰 종이(A3 등)에 인포그래픽을 제작한다.
①정보가 필요한 사람 ②우리 삶과 연계하여 재해석 ③정보의 쓰임 ④정보의 관점과 시각 등 정리
⑤정보에서 강조, 은유할 것 ⑥정보에서 생략, 변형할 것 ⑦인포그래픽 분류 중 어떤 형태
'활동자료 ①'은 미디어 리터러시 역량 가운데 창의적 생산 역량이다. 이러한 역량은 한 번에 향상되기 어렵다. 그러므로 1개 그룹이 하나의 주제를 토의하며 생산하는 것이 좋다.
작성한 인포그래픽을 다음의 기준으로 발표하고 상호 피드백을 한다.
①주제 및 내용 ②생산 과정에서 중점을 둔 것(강조, 생략 등) ③그룹 결과물의 잘된 점, 미흡한 점 ④생산을 통해 느낀 점
상호 피드백은 발표를 듣고 좋았던 점, 대안 등을 이야기한다.

정리	· 인포그래픽 맛보기 · 인포그래픽 개념과 제작 순서 · 창의적인 인포그래픽 생산 · 인포그래픽 향유와 공유

인포그래픽 주제	
정보 수집	
아이디어 스케치	
정보 가공	
정보 형태	

인포그래픽_제작 체험

인포그래픽 제작 과정

정보 수집 – 아이디어 스케치 – 정보 가공 – 정보의 그래픽화

- 텍스트
- 이미지(사진, 광고, 영상, 만화 등)
- 정보 출처 기록 필수

출처: 인포그래픽 포트폴리오 101 - 황금부엉이

인포그래픽_제작 체험

인포그래픽 제작 과정

정보 수집 – 아이디어 스케치 – 정보 가공 – 정보의 그래픽화

- 삶과 연계
- 어떤 기준에서 해석?
- 누구에게 필요한 정보?
- 통계의 오류와 분석의 오류

출처: 인포그래픽 포트폴리오 101 - 황금부엉이

인포그래픽_제작 체험

인포그래픽 제작 과정

정보 수집 – 아이디어 스케치 – 정보 가공 – 정보의 그래픽화

생략, 강조, 변형, 은유 등 •
자료의 출처 밝히기 •
돈, 무게, 길이, 시간 등 수치로 표현 •

출처: 인포그래픽 포트폴리오 101 - 황금부엉이

인포그래픽_제작 체험

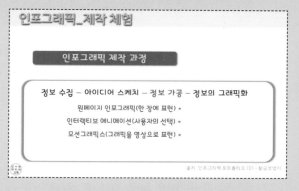

인포그래픽 제작 과정

정보 수집 – 아이디어 스케치 – 정보 가공 – 정보의 그래픽화

원페이지 인포그래픽(한 장에 표현) •
인터랙티브 애니메이션(사용자의 선택) •
모션그래픽스(그래픽을 영상으로 표현) •

출처: 인포그래픽 포트폴리오 101 - 황금부엉이

인포그래픽_제작 체험

인포그래픽 제작 과정

정보 수집 – 아이디어 스케치 – 정보 가공 – 정보의 그래픽화

노출 미디어 확인하기 •
텍스트 아닌 그래픽으로 말하기 •
은유와 위트, 유머 사용하기 •

출처: 인포그래픽 포트폴리오 101 - 황금부엉이

인포그래픽_제작 체험

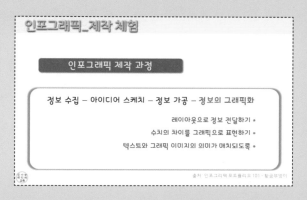

인포그래픽 제작 과정

정보 수집 – 아이디어 스케치 – 정보 가공 – 정보의 그래픽화

레이아웃으로 정보 전달하기 •
수치의 차이를 그래픽으로 표현하기 •
텍스트와 그래픽 이미지의 의미가 매치되도록 •

출처: 인포그래픽 포트폴리오 101 - 황금부엉이

✏️ 학습 도움말

1. 통계 리터러시 = 데이터 리터러시

통계를 활용하기 위해서는 통계를 읽고, 이해하고, 분석하고, 작성하는 능력이 필요하다. 이를 통계 리터러시 또는 데이터 리터러시라고 말한다. 통계는 연구에 필요한 자료 및 정보를 최적의 방법으로 수집하고, 논리를 바탕으로 정리하고 분석하는 활동이다. 그런 점에서 글이나 이미지로 된 정보보다 더 강력한 힘을 가진다. 특정한 문제에 대해 비교하거나 설문하거나 실험하여 데이터를 모으고, 분석하여, 도표나 그래프 등으로 시각화하고, 해석하는 단계를 거쳐, 예측까지 제공한다는 점에서 신뢰가 높은 정보이다. 통계청(https://kostat.go.kr)(https://blog.naver.com/hi_nso)은 다양한 주제에 대한 통계를 제공하고 있으며, 이러한 정보를 바탕으로 인포그래픽을 작성할 수 있다.

2. 수학과 연계

중학교 수학의 통계 단원과 연계하여 인포그래픽 수업을 진행할 수 있다. 실제 통계청의 통계 대회에 매년 참가하는 학교에서, 통계를 바탕으로 통계 포스터를 작성하는 수업을 진행하였다. 학생 스스로가 특정한 주제를 선정하고, 동 학년 또는 전교생 및 주변 지인들을 대상으로 데이터를 모으고, 이를 바탕으로 포스터를 작성하도록 지도했다. 이때 중요한 것은 특정한 주제를 선정하는 것과 설문을 어떻게 작성할 것인가이다. 주제는 뉴스나 이슈를 참고하거나 학생들이 평소 궁금했던 것으로 선정하면 된다.

✏️ 평가

· 수업 후 셀프 체크리스트(1:부족함, 2:보통, 3:잘함) – 학생용

평가 내용	상	중	하
인포그래픽의 개념을 이해하였는가?			
인포그래픽 제작 순서에 맞게 제작하였는가?			
인포그래픽을 창의적으로 생산할 수 있는가?			

· 수업 후 셀프 체크리스트(1:부족함, 2:보통, 3:잘함) – 교사용

세부 내용	상	중	하
인포그래픽 제작 순서를 바탕으로 만들기 위해 노력하였는가?			
공동체 사회의 약속을 바탕으로 생각을 표현하는 능력을 향상하였는가?			
정보를 보는 이를 위해 객관적으로 표현하려고 노력하였는가?			

· 루브릭 평가

평가 요소	평가 내용	상	중	하
지식정보 처리 역량	지식과 경험을 바탕으로 인포그래픽을 구성할 수 있다.			
창의적 사고 역량	자기의 생각을 효과적으로 표현할 수 있다.			
공동체 역량	공동체 구성원에게 요구되는 가치를 바탕으로 제작할 수 있다.			

생활기록부 작성 사례
인포그래픽의 개념을 이해하고, 자신이 선택한 주제를 바탕으로 통계를 활용하여 정보를 시각화하고 공동체가 이해할 수 있도록 인포그래픽을 제작함.

6 종합예술, 영화 & 애니메이션

영화란 작가와 연출가의 메시지를 움직임으로 촬영하고 음향 등의 다양한 효과를 덧붙인 영상 미디어다.

영상(映像)이란 한자로 풀이하면 빛으로 담아낸 모든 것을 말한다. 빛을 정지한 상태로 담은 사진이나 움직임을 담은 동영상이 모두 영상이다. 움직이는 미디어로 대표적인 것이 텔레비전, 스크린, 비디오, 유튜브 등이다.

우리는 이러한 영상을 보지만 영상 리터러시는 영상을 읽는 과정이다. 보는 것과 읽는 것의 차이는 무엇일까? '보다'는 눈으로 보아서 확인하는 단순한 현상을 말하고, '읽다'는 눈으로 본 것에 담긴 뜻을 헤아리는 사고를 의미한다. 영상 리터러시란 영상을 잘 보기만 하는 것이 아니라, 영상이 담고 있는 메시지를 비롯하여 사회나 세계관 등 다양한 것을 읽어내는 활동이다. 그렇다면 영상 리터러시를 위해 선행되어야 할 것은 무엇일까?

우선 영상 리터러시에 대한 개념 정의가 필요하다. 영상이 이야기하는 내용을 분석·처리하여 정보를 획득하고, 그것이 맥락에 맞게 구성되었는지 분석하고 비판하

속성	특성
기술적 물질적 속성	전하고자 하는 메시지가 어떤 물질 미디어에 담겨서 어떻게 기술되었는가에 따라 느낌과 의미가 달라짐
사회적 문화적 속성	미디어의 생산자나 소비자가 어떤 사회나 문화적 환경에 놓였느냐에 따라 같은 내용도 다르게 해석됨
재현적 속성	미디어 속 메시지가 사회적 약속을 기반으로 구성되었느냐에 따라 관계를 만들고 하나의 의미로 해석됨

며, 이를 바탕으로 창의적인 생산을 하는 것이 영상 리터러시다. 영상 미디어의 위와 같은 속성을 이해해야 제대로 리터러시할 수 있다.

마샬 맥루한이 정의한 '미디어는 메시지다'와도 일맥상통하는 부분이다. 영상이 영화와 드라마 또는 광고 중 어디에 담겼는지, 그리고 시대적 배경이나 당시 사회의 모습이 어떠했는지, 그리고 고정관념이라고 할 수도 있는 사회적 약속을 어떻게 표현하고 있는지에 따라 영상에 대해 다르게 이야기할 수 있다.

영화를 바탕으로 영상 리터러시를 해보자. 영화는 크게 사실을 다루는 다큐멘터리와 허구를 다루는 극영화로 나누며, 상업영화, 예술영화, 실험영화, 애니메이션 등이 있다.

종류	특성
상업영화	개봉관에서 상영하는 영화로 이윤 추구가 목적이다.
예술영화	스토리를 중심으로 사회적이고 심리적인 현상을 예술적으로 다룬다.
실험영화	실험적인 예술적 표현을 추구하는 비상업 영화.
다큐멘터리	실화를 바탕으로 하는 논픽션 영화.
애니메이션	등장인물이 그림이나 인형 등으로 제작된 것으로, 움직이지 않는 것을 움직이도록 만든 영화.

종류	특성
픽션	사실에 관한 직접적인 기록이나 묘사와는 달리 새롭게 만들어낸 인물이나 이야기를 의미한다. 주로 영화나 소설, 동화 등이 해당한다.
논픽션	픽션이 아닌 것, 즉 실화를 바탕으로 상상이 아닌 실재를 보여주는 것을 의미한다. 주로 다큐멘터리나 실화극이 해당한다.
팩션	사실을 의미하는 팩트와 픽션을 합친 신조어로, 사실에 근거하여 새롭게 재창조되는 시나리오 등의 문화예술을 말한다. 최근 영화, 드라마, 연극, 게임, 만화 등 문화계 전반에 영향을 미치고 있다.

장르에 따라
공포영화, 멜로 영화, 액션 영화, 판타지 영화, 공상과학 영화

영화는 3만 년 전 알타미라 동굴벽화의 동물들에 움직임을 부여하면서 시작되었다. 이러한 영화 속에는 그들의 삶이 반영되어 있고, 이는 과거 세대와 현재 세대 그리고 다음 세대로 이어주는 연결 고리가 되기도 한다. 그래서 영화를 읽는다는 것은 영화 속에 반영된 사회와 등장인물의 삶을 읽는 것이다.

영화를 만드는 사람들은 그 속에 어떤 메시지를 담았을까에 관심을 가져야 한다. 교육에서 쉽게 다룰 수 있는 애니메이션을 사례로 살펴보자. 애니메이션 하면 미국의 월트 디즈니와 일본의 미야자키 하야오가 떠오른다. 월트 디즈니도 그렇지만 미야자키 하야오는 애니메이션 속에 자신만의 메시지를 담는 것으로 유명하다.

눈을 떼지 못하는 환상 체험 130분. 극장 문을 나서며 감탄이 쏟아집니다! 한편, 화장실에서 만난 6세 꼬마와 엄마의 대화!

엄마 / 재밌니?

꼬마 / 몰라

엄마 / 무슨 내용 같니?

꼬마 / 몰라

엄마 / 엄마, 아빠 말 안 들으면 길을 잃어버리고 고생한다는 이야기야!

상상 그 이상의 세계로 당신도 빠져보세요!

2002. 7. 12. 00일보

위 내용은 실제 신문에 실렸던 글로 〈센과 치히로의 행방불명〉을 소개한 것이다. 그런데 〈센과 치히로의 행방불명〉 어디에 '엄마, 아빠 말 안 들으면 길을 잃어버리고 고생하는 이야기'가 있는 것일까? 여기에서 잠시 〈센과 치히로의 행방불명〉에 대한 퀴즈를 풀어보자.

"〈센과 치히로의 행방불명〉의 주인공은 모두 몇 명일까?"

참고로 이 영화는 일본에서 2001년, 한국에서 2002년에 개봉하였으며, 2015년에 국내에서 재개봉하였다. 수업에서 물으면 다수가 알고 있는 애니메이션이다. 이 질문을 받은 학생들은 적게는 '2명'에서 많게는 '5명'이라고 외친다. 어떻게 2명인지 설명해 보라고 하면, '여자아이'와 '남자아이'를 말하거나, '센과 치히로'라고 답한다. 그럼

5명은 누구를 말하는 걸까? '센', '치히로', '하쿠', '유바바', '가오나시'를 꼽는다. 정답은 한 명이며 센과 치히로는 같은 인물이라고 이야기하면 모두가 놀란다. 영화를 보기는 했지만 제대로 읽지 못한 것이다.

〈미래소년 코난〉, 〈알프스 소녀 하이디〉, 〈엄마 찾아 삼만리〉, 〈바람계곡의 나우시카〉, 〈이웃집 토토로〉, 〈천공의 성 라퓨타〉, 〈하울의 움직이는 성〉 등의 작품을 만든 미야자키 하야오는 자신의 영화에 '사람 간의 커뮤니케이션 부재', '윤리와 도덕', '붕괴 후의 세계'를 담는다. 그러므로 애니메이션을 시청하는 우리는 그러한 메시지를 읽어내야 하는 것이다.

이러한 영화 읽기는 영화를 만드는 토양이 된다. 영화 속에 메시지를 어떻게 담아야 할지를 생각해볼 수 있는 활동이다. 이러한 활동을 제대로 리터러시하기 위해서는 영화 속에 담긴 암묵적 약속을 이해해야 한다.

영화의 요소를 파악하였다면 이를 바탕으로 미장센(Mise-en-scène)하면 된다. 미장센

구성 요소	특성
빛	빛은 영상을 만드는 기본이다. 빛의 양이나 주변의 색과 반사 정도에 따라 부드러운 메시지를 전하기도 하고 공포의 메시지를 전하기도 한다.
색	아이가 태어날 때 여아는 분홍, 남아는 하늘색 옷을 입히는 것처럼 색은 의미를 담는다. 빨강은 긍정적으로는 정열을, 부정적으로는 복수를 상징한다.
구도	두 인물이 바라보거나 등을 지는 구도에 따라 관계를 짐작할 수 있다. 이 중 화면의 오른쪽 또는 가운데 있는 이가 더 중요한 인물이며 인원에 따라 달라진다.
동작	애니메이션은 움직이지 않는 이미지가 어떻게 움직임을 만들어내는지 보여준다. 동작을 통한 위치 변화는 이야기의 전개 속도를 보여주기도 한다.
시간	영상에서 시간의 흐름은 다양한 형태로 제시된다. 자막으로 직접 보여주기도 하지만 낮과 밤의 바뀜, 계절의 변화 등으로 보여주기도 한다.
소리	소리로도 특정한 무엇을 나타낼 수 있다. 가령 응원가는 야구장을 떠올리게 하고, 바람 소리는 무서운 밤을, 사물의 흔들리는 음향 효과는 지진이나 공포를 표현한다.

이란 프랑스어로 연출을 의미하며, 영어로 직역하면 '무대에 배치한다'는 뜻이다. 연출가가 무대 위에서 시각적 요소들을 배열하는 작업을 미장센이라고 하는데, 메시지 전달을 위해 계산되어 놓이는 것들을 의미한다. 가령 사극이라면 고증을 거친 옷이나 서책, 호롱불 등을 동선을 고려하여 배치한다. 영화는 이처럼 배우의 입을 통해 전달되는 대사 외에도, 미장센을 통해 시대의 문화나 세계관 등을 읽어야 한다. 토론 수업에서 자주 이용하는 영화 〈12인의 성난 사람들〉도 앞부분의 법정을 제외하면 대부분 한 공간에서 영화가 흘러간다. 굉장히 단조로운 구조이지만 순간순간 의자가 등장하고, 시계가 등장하고, 사건에 사용된 소품이 차례로 등장하는 형식이다. 이러한 미장센은 영화를 풀어가는 데 매우 중요한 역할을 한다.

지난 2013년 에스제이엠문화재단을 통해 《삶과 이야기가 있는 다큐멘터리 놀이터》(https://url.kr/lodgax)를 발간했다. 초등교사 3명과 함께 작업한 이 책은 다큐멘터리 제작을 위한 내용을 담고 있지만, 목차만 보더라도 영화를 어떻게 리터러시해야 하는지 짐작할 수 있다.

삶과 이야기가 있는 다큐멘터리 놀이터

영화 리터러시 1 - 영화의 메시지 읽기

✏️ 학습 목표(초등 고학년 이상)

영화의 개념을 알고, 영화를 장르별로 분류할 수 있다.

(지식정보 처리 역량) 지식과 경험을 활용하여 영화를 분류할 수 있다.

(심미적 감성 역량) 영상을 매개로 삶의 의미와 가치를 향유할 수 있다.

(협력적 소통 역량) 모둠의 생각을 존중하며 자기의 감정을 표현할 수 있다.

✏️ 미디어 리터러시 역량

(비판 역량) 정보 이해, 정보 판별, 정보 평가

(향유 역량) 심미적 감상, 미디어 경험 향상

✏️ 학습 절차

도입	**모둠 짓기** 4명이 한 모둠이 되도록 구성한다.
진행 1	**· 영화와 다큐멘터리의 구분** 〈한반도의 공룡〉과 〈한반도의 공룡 : 점박이〉 포스터로 구분하기 지도Tip) 백악기에 한반도에서 살았던 공룡을 다룬 〈한반도의 공룡〉은 EBS에서 방영한 다큐멘터리고, 〈한반도의 공룡 : 점박이〉는 〈한반도의 공룡〉을 보충하여 극장판으로 제작한 영화이다. 이와 관련하여, '역사적 사실을 근거로 만드는 사극이나 영화는 다큐멘터리일까 영화일까'를 질문하고 이야기를 나눈다. 다큐멘터리는 '진실'을 다루며, 제작자가 보여주고 싶은 부분만 보여주고, 그 외의 정보는 생략하기도 한다는 것을 이해해야 한다. **· 영화 분류_1. 다큐멘터리도 영화다** 최초의 다큐멘터리 〈북극의 나누크〉를 시청하고, 다큐멘터리의 특징에 대해 이야기를 나눈다. 나누크 이전에도 20분 내외의 짧은 기록영화가 있었으나, 본격 다큐멘터리의 시작은 〈북극의 나누크〉로 본다. 이 영화는 북극에서 생활하는 이누이트족의 일상을 자세히 기록하고 있다. 1시간이 넘는 파격적인 길이와 함께 '에스키모'를 '이누이트'로 그려낸 작품이라는 점에서 미국인들에게는 충

격적인 영화였다고 한다. 물론 평가가 엇갈리니 지도하기 전에 영화의 모든 것(https://allthatcinema. com/81) 등을 통해 더 많은 견해를 파악하는 것이 좋다.

· 영화의 메시지_1. 〈북극의 나누크〉의 메시지
로버트 플래허티의 〈북극의 나누크〉에 대해 '활동자료 ①'의 질문을 생각해 본다. 이후 아래 질문을 통해 다큐멘터리의 정의를 바탕으로 사고한다.

학생들이 직접 조사하고 이를 바탕으로 학습한다.

① 제작자가 영상으로 메시지를 전달하기 위한 재연, 연출, 편집 등에 대해 어떻게 생각하는가?

② 실화를 바탕으로 하는 작품 〈북극의 나누크〉를 어떻게 평가할 수 있을까? 이 영상을 처음 본 사람과 영화 리터러시를 경험한 우리의 반응은 어떤 차이가 있을까?

진행 2	### · 영화 분류_2. 영화는 모두 허구다? 학생이 '활동자료 ②'의 픽션, 논픽션, 팩션 및 영화의 분류를 조사하고 기록하도록 지도한다. 이때 지도자는 앞서 설명한 영화의 분류를 참고하고, 학생들이 픽션, 논픽션, 팩션의 사례도 한 가지씩 찾고, 그것들을 선택한 이유도 정리하도록 한다. 모둠에서 발표 후 자기의 결과물에 대해 자기평가를 한다. ① 정리는 제대로 되었는가? ② 발표가 가능하도록 요약하였는가? ③ 적정한 사례를 제시하였는가? 이때의 기준은 앞서 활동한 다큐멘터리 탐색 과정을 참고한다. 각각의 특징을 살피되, 재연, 연출, 편집 등의 측면에서 어떠한 차이가 있는지 등을 살펴본다. ### · 영화의 메시지_2. 미야자키 하야오의 메시지 미야자키 하야오는 자신의 애니메이션에 특정한 메시지를 담는 것으로 유명하다. 미야자키 하야오의 작품 가운데 한 가지를 선택하고, 그것이 담고 있는 메시지를 찾아보자. 지도자는 앞서 설명한 이론을 참고하면 된다. 학생들은 이 과정을 통해 영화도 미디어이며, 그 속에 담긴 메시지를 읽어야 한다는 것을 경험으로 알 수 있도록 지도하는 것이 중요하다.
정리	· 영화 분류 1(픽션, 논픽션, 팩션) · 영화 분류 2(상업영화, 예술영화, 실험영화, 다큐, 애니메이션 등) · 영화에 담긴 제작자의 메시지 읽기

	〈북극의 나누크〉
연출가	
내용	
영화의 메시지	
영화 탐색 A~Z	
우리들의 생각	

픽션	논픽션	팩션

종류	특성	대표 영화
상업영화		
예술영화		
실험영화		
다큐멘터리		
애니메이션		

영화 리터러시

영화

- 일정한 의미를 갖고
- 움직이는 대상을 촬영하여
- 영사기로 영사막에 재현하는
- 종합 예술

각본 무대 음향 조명 촬영 배우 ......

영화 리터러시

영화

영상과 상상력의 결합이 만든 작품

- 뉴스, 시사, 다큐 등 사실 프로그램
  (눈에 보이는 현실+시청자의 이해를 돕기 위한 영상적 상상력+예술적 상상력)

- 재미를 위한 예능 프로그램
  (재미를 위한 과장된 현실+시청자의 재미를 위한 영상적 상상력)

- 드라마
  (존재하지 않는 가상의 현실+스토리와 등장인물에 대한 영상표현적 상상력)

영화 리터러시

영화

다큐멘터리를
찾아라

영화 리터러시

영화

- 다음 물음에 답해 봅시다.

가) 만약 다큐멘터리 제작자들이 사실과 다른 내용을 사실인 것처럼 꾸며서 다큐멘터리를 만든다면 어떤 문제가 발생할지 생각해 봅시다.

나) 사실에 기반한 다큐멘터리라 할지라도 제작자의 관점에 따라 전혀 다른 작품이 나올 수 있습니다. 이에 대해 우리는 어떤 자세로 다큐멘터리를 시청해야 할지 생각해 봅시다.

영화 리터러시

영화

다큐 종류	예	학교 예	나의 예
휴먼	주변 인물의 일상을 담음	친구의 일상을 담음	
문화, 역사	우리 지역의 문화*역사를 조사하여 알림	친구들의 놀이를 조사하여 알아낸 우리들의 문화	
오락성	우리 지역의 재미있는 일상을 다룸	친구들의 재미있는 행동들을 모아 엮은 것	
자연	우리 지역의 자연 이야기	학교에서 진행된 자연보호 포스터 그리기 대회 모습	
시사보도	우리 지역의 이슈, 사회문제	학교에서 일어난 문제에 대해 조사하고 밝히는 내용	
사회적	우리 지역의 좋은 사회 문화 알림	오른쪽 보행 등 좋은 학교 만들기를 주제로 한 내용	
폭로성	개선이 필요한 일	학교 앞 문구점에서 파는 간식에 대해 조사하고 폭로하는 내용	

영화 리터러시

영화 · 미야자키하야오

사람 사이의 커뮤니케이션의 부재
(숲, 동물, 신과의 커뮤니케이션도 다룸)

윤리와 도덕
(잃어버린 어떤 것, 지금 가능한 것)

붕괴 후의 세계

'센과 치히로의 행방불명'
숨의 의미

이름 ?
아빠의 카드?
가오나시의 금?
강의 신?

캐릭터 배경 사건 소재 주제 타깃 장르
(인물) (시·공간) (스토리) (시청자)

🖊 학습 도움말

1. 다큐멘터리

다큐멘터리는 사람을 소재로 한 휴먼 다큐멘터리, 대자연의 생태를 탐구한 자연 및 과학 다큐멘터리, 역사적 인물이나 사건을 바탕으로 재연한 역사 다큐멘터리, 교육에 관한 이야기나 문화를 다룬 교육 및 문화 다큐멘터리, 사회현상을 집중적으로 다룬 시사 다큐멘터리 등으로 분류할 수 있다.

2. 영화와 다큐멘터리의 비교

영화와 다큐멘터리를 제대로 분석하기 위해서는 주인공을 탐구해 보자.

영화	주인공	다큐멘터리
	외모	
	경제력	
	사회적 지위	

3. 친숙한 영화, 본 적 없는 다큐멘터리

다큐멘터리는 쉽게 접하기 어려운 작품이다. 이유는 편성 시간대 때문인데, 작품 대부분이 심야 시간에 고정되어 있다. 사람들이 관심을 가지거나 흥행할 만한 주제가 아니기 때문이다. 또한 한 편을 제작하는 데 오랜 기간이 소요되며, 비용 또한 많이 든다는 점에서도 다큐멘터리를 쉽게 볼 수 없다. 특히 광고료에 의존하여 제작될 때, 경제적으로나 정치적으로 자유로운 내용을 담을 수 없다는 점도 문제가 된다.

✏️ 평가

· **수업 후 셀프 체크리스트**(1:부족함, 2:보통, 3:잘함) – 학생용

평가 내용	상	중	하
영화 리터러시의 개념을 이해하였는가?			
영화를 다양한 장르로 분류하였는가?			
자기의 생각을 효과적으로 설명하였는가?			

· **수업 후 셀프 체크리스트**(1:부족함, 2:보통, 3:잘함) – 교사용

세부 내용	상	중	하
영화에 담긴 메시지를 이해하기 위해 노력하였는가?			
영화에 담긴 내용을 매개로 삶의 의미와 연결하려고 노력하였는가?			
검색한 정보를 발표하기 위해 제대로 정리하였는가?			

· **루브릭 평가**

평가 요소	평가 내용	상	중	하
지식정보 처리 역량	지식과 경험을 바탕으로 영화를 분류할 수 있다.			
심미적 감성 역량	영상을 통해 삶의 의미와 가치를 향유할 수 있다.			
협력적 소통 역량	모둠의 생각을 존중하며, 자기의 생각을 표현할 수 있다.			

생활기록부 작성 사례
영상 미디어의 개념을 이해하고, 영상에 담긴 의미와 가치에 대한 자기의 생각을 표현하며, 타인을 배려하며 사고하고 표현함.

영화 리터러시 2 - 영화를 영화답게 만드는 미장센

✏️ 학습 목표(초등 고학년 이상)

영화의 미장센 개념을 이해하고, 미장센에 담긴 의미를 읽을 수 있다.

(지식정보 처리 역량) 지식과 경험을 활용하여 배경을 파악할 수 있다.

(심미적 감성 역량) 문화적 감성으로 인간사회의 가치를 발견할 수 있다.

(협력적 소통 역량) 모둠의 생각을 존중하며 자기의 감정을 표현할 수 있다.

✏️ 미디어 리터러시 역량

(비판 역량) 재현 이해, 영향력 파악, 정보 이해

(참여 역량) 정보 이해, 정보 판별, 정보 평가

✏️ 학습 절차

도입	**모둠 짓기** 4명이 한 모둠이 되도록 구성한다.
진행 1	**·영화를 영화답게 만드는 미장센** 영화는 대사 외에도 다양한 방법으로 관객과 소통한다. 색으로 소통하고, 소리로 소통하며, 의상이나 소품으로도 소통한다. 영화를 제대로 리터러시하기 위해서는 대사 외의 다양한 코드를 읽을 수 있어야 한다. 이때 가장 중요한 것이 미장센이다. 미장센을 읽어내기 위해서는 숏(shot)을 이해하면 쉽다. **·영화 속 미장센 찾기 활동** 영화는 대사 외에도 다양한 방법으로 관객과 소통한다. 색으로 소통하고, 소리로 소통하며, 의상이나 소품으로도 소통한다. 학습자 스스로 하기 전에 간단한 영상을 통해 방법을 익히도록 한다. 활동은 다음의 방법으로 진행한다. ①애니메이션 또는 영화를 선정한다. 이때 학생의 나이를 고려하여 시청 가능 여부 및 소재를 파악한다.

	②네이버 영화 또는 유튜브를 이용하여 숏 영상을 함께 본다. ③영상 속에서 기억나는 배경, 색깔, 소품 등에 관한 이야기를 나눈다. ④배경, 색깔, 소품이 의미하는 것을 생각해 본다. · **미장센 읽기 토론** 미장센 속 메시지를 제대로 읽기 위해서는 사회적 또는 암묵적 약속의 개념을 알아야 한다. 색깔 등 이 담고 있는 편견을 어떻게 읽을 것인가에 대해 미니 토론의 형식으로 생각해 본다.
진행 2	· **영화를 영화답게 만드는 미장센 실습** 학습자 스스로 영화를 선정하고 '활동자료 ①'의 활동을 한다. 활동은 다음의 방법으로 진행한다. ①모둠이 영화 또는 애니메이션을 나이와 소재를 고려하여 선택한다. ②네이버 영화 또는 검색 포털을 이용하여 '활동자료 ①'을 작성한다. ③팀별 발표를 통해 발견한 미장센과 읽어낸 메시지를 공유한다.
정리	· 미장센 개념 이해 · 미장센 실습 · 미장센 발표

활동자료 ① – 영화 미장센 / A4로 확대, 1인 1장 출력

영화 제목	
보이는 이미지(영상)에 대한 설명	

이미지(영상)에서 발견한 배경, 사물, 현상 등	미장센 1 미장센 메시지 읽기	미장센 2
	미장센 3	미장센 4

영화_미장센과 메시지

영상

- 영어로 이미지, 한자로 그림자
- 빛의 굴절 또는 반사에 의해 나타나는 물체 실제의 상 : 실상
- 머리 속에서 떠올리는 모습이나 광경 : 심상
- 종이 등과 같은 2차원 평면 위에 표현된 형상 : 영상

영화_미장센과 메시지

미장센

- 공간을 통해 이야기-인물의 심리, 사건-를 전달하는 방식
- 장면 내에 사물을 배치하는 것
- 장면배치, 무대장치, 화면 구성
- 세트, 소품, 색깔, 조명, 의상, 제스처, 카메라렌즈, 움직임, 사이즈, 앵글 등

화면 내에 많은 정보를 배치하여,
관객이 능동적으로 의미를 찾게 함

영화_미장센과 메시지

미장센

화면 사이즈	조명	앵글	렌즈	움직임
• 롱 쇼트 • 미디움 쇼트 • 클로즈 쇼트	• 하이 키 • 로우 키	• 로우 앵글 • 하이 앵글 • 오블리크앵글	• 스탠다드 • 광각 • 망원	• ZOOM • 트래킹

카메라의 고정 : 서정적
카메라의 이동 : 역동적

영화_미장센과 메시지

미장센

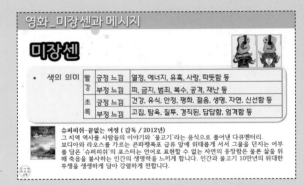

- 색의 의미

빨 강	긍정 느낌	열정, 에너지, 유혹, 사랑, 따뜻함 등
	부정 느낌	피, 금지, 범죄, 복수, 공격, 재난 등
초 록	긍정 느낌	건강, 유식, 안정, 평화, 젊음, 생명, 자연, 신선함 등
	부정 느낌	고집, 탐욕, 질투, 경직된, 답답함, 엄격함 등

슈퍼피쉬-끝없는 여정 (감독 / 2012년)
그 지역 역사를 사람들의 이야기와 '물고기'라는 음식으로 풀어낸 다큐멘터리.
보디아와 라오스를 가르는 콘파팽폭포 급류 앞에 위태롭게 서서 그물을 던지는 어부를 담은 '슈퍼피쉬'의 포스터는 언어로 표현할 수 없는 자연의 웅장함은 물론 삶을 위해 죽음을 불사하는 인간의 생명력을 느끼게 합니다. 인간과 물고기 10만년의 위대한 투쟁을 생생하게 담아 강렬하게 전합니다.

영화_미장센과 메시지

미장센

- 포스터 구성

1. 주인공의 얼굴 속에 쓰인 텍스트(글)	2. 다양한 방법으로 표현된 얼굴	3. 공포를 담은 눈동자
4. 욕망을 나타내는 빨간 입술	5. 유혹을 나타내는 빨간 드레스의 등장	6. S라인의 섹시 포즈를 취한 여주인공
7. 등을 맞대고 있는 포스터	8. 살기 빼기 위해 뛰는 주인공	9. 무기가 보이지 않도록 감춘 전사의 뒷모습
10. 흑백의 인물과 배경 그리고, 주황색의 불꽃	11. 선글라스에 비춰진 영화의 배경	12. 하늘과 바다와 주인공의 조화
13. 난간에 선 슈퍼 히어로	14. 결정 못한 사람들이 벤치에 앉은 모습	15. 자연이 소재인 영화의 파란색 배경

영화_미장센과 메시지

미장센

https://youtu.be/A-0vmlDT9Bg

- 인물의 동작과 표정

'죽기 전에 꼭 봐야할 영화'로 인정받은 영화
〈굿 윌 헌팅〉
환하게 웃으며 서로를 사선으로 보는 두 남자는
우리에게 어떤 메시지를 전하고 있을까?

포스트 속 인물이 보여주는 동작과 표정으로
영화 감독이 전하는 메시지를 찾을 수 있다.

영화를 선정 후 미장센 읽기

✏️ 학습 도움말

1. 사회적 약속을 담은 미장센

영화가 메시지를 전하는 방법은 다양하다. 기본적으로는 대사를 통해서 전달하지만, 배경과 인물, 의상이나 색깔, 조명의 밝기와 방향에 의해서도 전달된다. 또한 카메라가 움직이는 방향에 따라서도 메시지가 전달된다. 이를 화면 구성이라고도 한다.

〈센과 치히로의 행방불명〉을 바탕으로 몇 가지를 살펴보자.

- 〈센과 치히로의 행방불명〉은 왜 온천장을 무대로 하였을까?
- 치히로의 엄마 아빠가 많은 동물 가운데 돼지로 변한 이유는 무엇일까?
- 유바바가 쌍둥이로 등장하는 것은 어떤 의미일까?
- 유바바와 치히로 사이의 계약서는 어떤 의미를 담고 있을까?

이처럼 미장센을 읽을 때 필요한 것이 사회적 또는 암묵적 약속이다. 〈백설공주와 일곱 난쟁이〉에 등장하는 여왕은 잘 익은 빨간 사과를 내민다. 여왕이 백설공주에게 초록색 사과를 주었다면 어떠했을까? 그 초록색 사과를 한입 베어 물고 쓰러지는 백설공주에게 공감했을까? 초록색은 덜 익은 풋사과 느낌을 주는 반면, 빨간색은 잘 익어 달콤한 느낌을 전한다. 이처럼 미장센은 사회적 또는 암묵적 약속을 바탕으로 구성되는 예가 많다. 그래서 지금 나의 시각으로 영화의 모든 것을 판단하는 것은 금물이다. 시대적 배경도 읽고, 그 사회의 관습도 읽고, 그 사회를 어떻게 이해하고, 현재에서 어떤 교훈을 얻을 것인가를 중점으로 봐야 한다. 그렇지 않고 비난만 한다면 배움이 없는 교육이 되기 쉽다.

✎ 평가

· 수업 후 셀프 체크리스트(1:부족함, 2:보통, 3:잘함) - 학생용

평가 내용	상	중	하
영화 제작 단계를 이해하였는가?			
영화의 미장센에 담긴 의미를 읽을 수 있는가?			
자기의 생각을 효과적으로 설명하였는가?			

· 수업 후 셀프 체크리스트(1:부족함, 2:보통, 3:잘함) - 교사용

세부 내용	상	중	하
영화에 담긴 메시지를 이해하기 위해 노력하였는가?			
미장센의 메시지에서 인간사회의 가치를 읽으려고 노력했는가?			
검색한 정보를 발표하기 위해 제대로 정리하였는가?			

· 루브릭 평가

평가 요소	평가 내용	상	중	하
지식정보 처리 역량	지식과 경험을 바탕으로 영화 구성을 파악할 수 있다.			
심미적 감성 역량	미장센의 메시지에 나타난 인간사회의 가치를 향유할 수 있다.			
협력적 소통 역량	모둠원을 배려하며 자기의 생각을 효과적으로 표현할 수 있다.			

생활기록부 작성 사례
영화 제작의 단계를 이해하고, 지식과 경험을 바탕으로 화면에 담긴 미장센의 메시지를 비판적 시각으로 읽었으며, 자기의 생각을 효과적으로 표현함.

영화 리터러시 3 - 영화 기획하기

✏️ 학습 목표(초등 고학년 이상)

영화 제작 과정을 이해하고 제작 5단계를 바탕으로 영화를 기획할 수 있다.

(지식정보 처리 역량) 지식과 경험을 활용하여 영화를 분석할 수 있다.

(심미적 감성 역량) 문화적 감성으로 인간사회의 가치를 발견할 수 있다.

(협력적 소통 역량) 모둠의 생각을 존중하며, 자기의 감정을 표현할 수 있다.

✏️ 미디어 리터러시 역량

(창작 역량) 재현 이해, 영향력 파악, 정보 이해

(향유 역량) 심미적 감상, 미디어 경험 향상

✏️ 학습 절차

도입	**모둠 짓기** 4명이 한 모둠이 되도록 구성한다.
진행 1	**· 영화 이해_영화 제작의 5단계** 영화는 '①개발 ②사전 준비 ③제작 ④후반 작업 ⑤배급과 상영'의 5단계를 거쳐 만들어지며, '시나리오, 연출, 카메라(촬영), 편집'의 4대 요소를 바탕으로 제작된다. 지도Tip) 영화는 다양한 사람들이 모여 제작되는데, 연출의 경우 총감독을 비롯하여, 카메라감독, 조명감독, 음향감독 등이 있다. 음향감독은 소리를 통해 영상에 현실감을 부여한다. ①모든 학생이 같은 영화를 선정하거나 모둠이 영화 하나를 선택한다. ②네이버 영화 또는 유튜브 등을 통해 영화 일부를 감상한다. ③지식백과 등을 참고하여 각각의 단계에서 무엇이 이루어지는지 찾아 '활동자료 ①'에 기록하고 발표한다.
진행 2	**· 영화는 종합예술** 이같이 다양한 예술 분야가 한데 모였다는 의미로 영화를 종합예술이라고 말한다. '활동자료 ②'를 바탕으로 종합예술을 기획하는 경험을 한다.

①영화 제작 5단계를 바탕으로 영화 기획서를 작성한다. 이때 제목은 마지막에 작성해도 좋다.

②짧은 시간에 영화 기획을 경험해 보기 위해 학생들이 잘 알고 있는 동화나 뉴스의 내용을 바탕으로 기획하면 좋다.

③사전 준비 단계에서 소품이나 배경 등만 기록하는 것이 아니라, 그것을 이용하는 의미도 함께 생각해 보도록 한다.

④후반 작업의 경우 시나리오 중 사람들의 기억에 남는 장면을 선정하고 포스터 만들기 등 이미지화하는 것도 좋다.

⑤작성한 내용을 발표해서 공유한다.

※ 수업 시간의 여유가 있다면 실제 영상을 제작해도 좋다. 이후 과정은 다음과 같다.

①스토리보드 또는 콘티 수업을 진행

②스마트폰을 이용하여 촬영

③키네마스터 등 스마트폰 앱을 이용하여 편집

정리	·영화 제작 5단계 이해(①개발 ②사전 준비 ③제작 ④후반 작업 ⑤배급과 상영) ·영화 제작 4대 요소(①시나리오 ②연출 ③카메라(촬영) ④편집) ·종합예술인 영화 기획

영화 5단계	특성
제목	
개발	핵심은 시나리오 작성(이 영화의 시나리오는?)
사전 준비	영화 제작에서 가장 중요한 단계(영화 속 인물의 의상, 소품, 상황 등)
제작	촬영 단계(이 영화를 만든 제작자, 제작에 참여하는 사람들)
후반 작업	편집 단계(영화 중 기억에 남는 장면 등)
배급 및 상영	배급사의 정보

영화 제작 5단계	기획 내용
제목	
개발	예상 관객, 주제, 등장인물, 시나리오
사전 준비	인물의 의상, 소품, 상황, 배경 등(의상, 소품 등의 의미)
제작	역할 나눔(연출자, 무대 총감독 등. 그렇게 정한 이유)
후반 작업	미장센을 바탕으로 어떤 부분을 어떻게 처리할 것인가, 관객에게 가장 기억되고 싶은 장면 등
배급 및 상영	배급사의 정보

영화 제작 과정 체험

영화 제작 5단계

WHY (왜 만드는가) **WHAT** (무엇을 이야기할 것인가) **HOW** (어떻게 보여 줄 것인가)

① 개발
② 사전 준비 — 연출부, 제작부, 촬영부, 프로덕션 디자인팀, 비주얼 특수효과팀 등 사전 준비
③ 제작 — **컷, 앵글, 숏, 신, 시퀀스**
④ 후반작업 — 편집(시간과 공간의 재구성), 컴퓨터 그래픽(CG) 등
⑤ 배급과 상영 — **영화의 꽃** (상영되지 못하는 영화도 있음)

영화 제작 과정 체험

영화 제작 4요소

① 시나리오
② 연출
③ 카메라(촬영)
④ 편집

시나리오 : 이야기를 전달하는 과정. 스토리+플롯
스토리_ 왕이 죽었다. 왕비가 죽었다.
플롯_ 왕이 죽자. 슬퍼하던 왕비도 따라 죽었다.

시놉시스 : 개요, 영화를 짧고 간단하게 소개하는 글
스토리_ 주제, 기획의도, 등장인물. 줄거리 등

트리트먼트 : 시나리오의 축약 원고
스토리_ 신(Scene), 에피소드 별로 단락 나눠 정리

영화 제작 과정 체험

스토리보드 / 콘티

스토리보드 : 줄거리와 촬영에 필요한 세부 정보를 정리한 것

콘티 : 작품의 이미지를 시각화 하는 과정

스토리보드는 프레젠테이션용,
콘티는 촬영용으로 많이 쓰이며,
현재는 혼용되어 사용되기도 함

https://youtu.be/gmVtUPGPTOY

영화 제작 과정 체험

내용	씬	사운드
노랫말 나누기	노랫말에 해당하는 행동 표현 등	노래 시간, 대사 음향 제공 형태 등
떴다 떴다 비행기 날아라 날아라 **동요로 실습**	종이 비행기가 위로 올라가는 모습	떴다 떴다 앞에 비행기가 이륙 하는 음향 삽입 🔊

✏️ 학습 도움말

1. 영화 주제 찾기

영화 제작에서 가장 기본은 무엇에 관한 이야기를 담고자 하는가이다. 중학생 대상 수업에서, 다섯 모둠 중 한 모둠을 제외하고는 모두 학교폭력을 주제로 선택해서 이유를 물었다. 그들은 대부분 '미디어를 통해 많이 접했기 때문', '미디어에서 많이 보았기에 따라 할 수 있음', '직간접 경험은 없지만 잘 알고 있음'이라고 대답했다. 이런 경우 학생들이 자기의 생각을 담아 창의적으로 생산하는 게 아니라, 그냥 따라 하는 수준에 머물 우려가 있다. 그러므로 일상, 학교, 친구 등의 주제어를 바탕으로, 긍정적 영향을 미칠 수 있는 영화를 제작하도록 구체적으로 제시할 필요가 있다.

2. 영화로 사회활동 참여하기

영화의 소재로 실화가 등장하는 경우가 더러 있다. 학생들에게도 이처럼 실화, 즉 현실의 소재를 바탕으로 영화를 제작하도록 지도할 수 있다. 이때 뉴스를 토대로 하면 쉽다. 그렇게 하기 위해서는 뉴스를 구체적으로 살펴보고, 분석하고, 어떤 시각에서 이야기할 것인지에 대해 생각해 봐야 한다. 이는 앞에서 다룬 뉴스 리터러시를 참고하면 좋다. 이러한 활동은 미디어 리터러시의 역량 중 하나인 '참여'를 이끄는 좋은 도구가 될 수 있다.

✏️ 평가

- **수업 후 셀프 체크리스트**(1:부족함, 2:보통, 3:잘함) – 학생용

평가 내용	상	중	하
영화 제작의 단계를 이해하였는가?			
영화를 단계별로 분석하였는가?			
자기의 생각을 효과적으로 설명하였는가?			

- **수업 후 셀프 체크리스트**(1:부족함, 2:보통, 3:잘함) – 교사용

세부 내용	상	중	하
영화 제작 단계를 이해하기 위해 노력하였는가?			
영화 기획에서 삶의 의미와 연결하려 노력했는가?			
기획한 내용을 발표하기 위해 제대로 정리하였는가?			

- **루브릭 평가**

평가 요소	평가 내용	상	중	하
지식정보 처리 역량	지식과 경험을 바탕으로 영화를 분석할 수 있다.			
심미적 감성 역량	영상을 통해 인간사회의 가치를 발견할 수 있다.			
협력적 소통 역량	모둠의 생각을 존중하며, 자기의 감정을 표현할 수 있다.			

생활기록부 작성 사례
영상의 제작 과정을 이해하고, 영상에 담을 내용의 의미와 가치에 대한 자기의 생각을 효과적으로 사고하고 타인을 배려하며 표현함.

7 광고의 홍수에서 살아남기

역사상 가장 오래된 광고는 도망간 노예를 찾아주면 사례금을 지급한다는 파피루스 전단지라는 설이 가장 일반적이다. 그렇다면 우리나라의 상업 광고는 언제 시작되었을까?

한국 최초의 상업 광고가 실린 것은 1886년 〈한성주보〉였다. '덕상세창양행고백'이라는 문구로 '덕상'은 독일의 무역상사 '세창양행'이 조선에 들여온 물품으로 '광고'라는 말 대신 '고백'이라고 표기되었다. 1903년 발행된 신문에는 신문사가 직접 '특별고백'을 통해 밀린 신문값을 내줄 것을 호소하기도 했다. 광고가 도입된 개화기에는 회사를 부각했던 광고가 주였으나 1900년대 이후에는 '비단결 같은 살결'과 같이 문구로 제품의 특징을 알리는 것으로 변화되었다. 광고 품목은 주로 약이나 화장품이었다.

광고는 상품 정보, 특성, 가격, 구매 장소, 연락처 등을 제공하여 소비 욕구를 자극하고 구매력을 높인다. 광고는 시대적 상황, 사람들의 심리, 지리적 영향, 기후 등 모든 것을 반영하여 소비자를 설득하는 짧고 강렬한 문구나 이미지 영상을 보여준다.

상품 광고가 상품 자체보다 사회적 논란을 포함한 의식 있는 내용으로 주목받는 경우도 있다. "독도를 자기네 땅이라고 말합니다. 대한민국 4,800만이 머리가 아픕니다"라는 타이레놀 광고는 독도와 두통으로 애국심을 높여 호응을 얻었다.

2009년 방송법 개정으로 간접광고(PPL, product placement)가 허용되면서 기업의 협찬으로 드라마에 해당 기업의 상품이나 브랜드 이미지를 노출하는 장면을 많이 볼 수 있다. 드라마 내용과 전혀 어울리지 않는 제품의 등장이나 스토리 전개로 몰입도가 떨어진다는 비판을 받기도 하지만, 효과가 크기에 시청률이 높은 드라마와 예능의 간접광고 노출 빈도가 높아지고 있다.

최근에는 기존의 기사형 광고와 협찬 기사가 진화한 것으로 광고주가 제공하는 정보를 기사와 함께 배치해 마치 기사처럼 보이도록 디자인된 온라인 네이티브 광고도 있다. 콘텐츠와 유사한 형식으로 광고에 대한 거부감을 낮출 수 있고, 일반인들이 광고가 아닌 정보로 오인할 수도 있다. 이는 광고 리터러시가 더 활발하게 진행되어야 하는 이유이기도 하다.

미디어 리터러시 중 광고 수업은 학생들의 참여와 호응이 높다. 광고 수업은 공부 같지 않아서 좋다는 의견도 있다. 하지만 광고를 제작하는 사람들의 이야기를 들어보면 어떤 것보다 창의적 발상을 해야 하고, 정치 경제 사회를 정확하게 읽고 짧은 헤드라인 또는 몇 초의 영상 안에 담아야 하는 어려움을 토로한다.

소비자들은 조금만 지루하거나 상투적이어도 광고를 외면한다. 다수의 일반인은 광고가 나오면 채널을 돌리고, 건너뛰기를 하면서 어떻게든 피하려고 한다. 유튜브에서 광고가 붙지 않는 동영상이 인기 있는 이유다.

이런 소비자들의 시선을 머물게 하는 것, 보는 사람들의 마음을 열게 하는 것, 그래서 광고하는 상품의 구매 욕구를 자극하거나 광고 주제에 공감하여 고개를 끄덕이게 하는 것이 광고 제작자들의 중요한 과제이다. 이를 위하여 어떤 언어로 어떤 이미지를 사용하고, 어떤 인물을 등장시키며, 누구의 시선으로 이야기를 풀어나갈지 고민이 깊어진다.

반면 소비자의 입장에서는 넘쳐나는 광고를 선별하는 능력을 키워야 한다. 허위 광고, 과장 광고, 왜곡 광고 등에 속아서 물건을 사거나 소비한 후에 낭패를 보기도 한다. 광고가 뉴스인 줄 믿고 사거나 전문가 추천으로 현혹하는 쇼닥터의 과장에 속기도 한다. 또는 사회적 편견과 차별을 조성하는 광고를 접하기도 하고, 아이들은 선정적인 광고에 노출되기도 한다. 반면 상품 광고를 통하여 사회의 부당함과 차별을 알리고 깨닫는 경우도 있다.

이런 많은 갈등과 어려움은 광고가 항상 우리 가까이에 스며들어 있으므로 더 중요한 해결 과제가 된다. 광고에 노출되고 접근하기는 쉽지만 광고를 비교 분석하고 제작하는 과정은 단순하지 않다. 단순하게 진행하여 결과물이 나왔다면 그 수준은 학생이나 지도자가 만족하기 어려울 것이다. 제대로 성취감을 느끼는 광고 리터러시를 하기 위하여 개별 활동보다는 모둠 활동으로 분석 조건 항목을 세분화하여 만들거나 교사가 제시해 주는 것을 권한다. 학생들은 무엇을 어떤 시각에서 비교 분석해야 하는지 어려워하는 경우가 많다. 그런 의미에서 생산자와 소비자 입장에서 리터러시 질문을 유용하게 적용할 수 있다.

참고 자료

• 김은지, 〈장르 인식을 활용한 스마트 광고 리터러시 교육 연구〉, 한국초등국어교육학회, 2021.

광고 리터러시 1 - 우리들의 광고 제작

✏️ 학습 목표(초등 고학년 이상)

광고인 이제석을 통하여 광고를 만드는 전문가의 이야기를 들어본다. 이를 바탕으로 주제를 정하여 공익광고를 제작할 수 있다.

(창의적 사고 역량) 새롭고 창의적인 광고를 제작할 수 있다.

(심미적 감성 역량) 문화적 감수성으로 설득력 있는 광고를 제작할 수 있다.

(협력적 소통 역량) 모둠원과 협력하여 광고를 분석할 수 있다.

✏️ 미디어 리터러시 역량

(창작 역량) 미디어 제작 능력

(참여 역량) 공유 네트워킹 능력

✏️ 학습 절차

도입	**가장 기억에 남는 광고 떠올려 이야기하기** 지도Tip) 인쇄 광고, 영상 광고, 상품 광고 등 어떤 것이든 상관없이 기억에 남는 광고를 1인당 하나씩 제시하고 포스트잇에 제목이나 내용, 기억에 남는 이유 등을 적어서 모둠원이 같이 읽어본다. 기억에 남는 이유를 자세히 파악하여 광고 제작할 때 참고한다.
진행 1	**· 공익광고, 광고인 이제석(파워포인트 QR코드)** - 광고인의 광고 제작과 작품을 통하여 광고를 이해하기 - 이제석은 어떤 사람인가? - 어떤 광고를 만들었는지 광고 작품 보기(작가가 말하는 광고 의도 듣기) - 좋은 광고란 어떤 광고인가?(영상을 보면서 메모하기) - 사람들에게 잘 전달되는 광고를 만드는 방법은 무엇일까?
진행 2	**· 공익광고 제작(인쇄 광고 기본 / 영상 광고 선택)** -공익광고란 무엇인가?

공익광고는 공공의 이익을 목적으로 만들며 우리나라는 공익광고를 전담하는 기구로 공익광고협의회(KOBACO)에서 공익광고에 대한 주제 선정, 시안 검토 및 결정 등을 한다. 이를 위해 학계, 언론계, 광고계, 정부 및 소비자단체 등 사회 각층에서 선출된 15~20명의 위원으로 구성된다.

- 광고의 구성 요소는 무엇인가?(헤드라인, 이미지, 본문)

헤드라인은 광고를 전달하는 간결하고 짧은 문구로 대부분 한 문장이다. 이미지는 그림이나 사진, 기호 등이 사용되나 이미지가 없는 광고도 있다. 본문은 이미지와 헤드라인으로 다 전하지 못한 구체적인 내용이나 관련 데이터, 감성적 부연 설명 등 다양한 방법으로 구성된다.

- 광고의 주제 정하기(예절, 일회용품 줄이기, 물 절약, 에너지 절약, 자연보호, 헌혈, 동물보호 등)

대상 연령에 맞는 주제, 쉽게 접근할 수 있는 주제, 학생들의 눈높이에서 생각하고 사회 참여가 가능한 분야의 주제이면 더 좋다.

- 주제에 맞는 이미지 찾기, 헤드라인, 자료 찾기

- 광고 완성하기

휴대전화나 태블릿 등의 사용이 가능하다면 미리캔버스 등을 활용하여 광고를 제작하는 것도 좋다. 디지털 기기에 성인보다 더 쉽게 접근하고 잘 다루는 학생들이 많지만, 디지털 기기 사용의 격차가 있다는 것을 염두에 두어 속도가 늦거나 디지털 기기 사용이 힘든 학생들을 배려한 수업 준비가 필요하다. 최근 학교에서 일부 학년에 디지털 기기를 배부하여 사용하는 경우가 많으니 적극적으로 활용하는 방법을 알려주는 계기가 될 수 있다.

- 영상 광고 제작일 경우 이 책의 사진과 영상 부분 참고할 것

정리	·완성된 공익광고 전시하기(모둠원 모두 동참) ·피드백을 포스트잇에 적어 광고 아래에 붙이기

광고

광고 "세상에 널리 알린다 " 는 의미

광고의 종류
1. 상품 광고 : 상품의 판매를 위하여 소비자에게 알리기 위한 광고 (알림광고, 구인 구직 광고)
2. 기업 광고 : 회사의 이미지를 좋게 하기 위해 하는 광고 (=기업 이미지 광고)
3. 공익 광고 : 다수의 사람들에게 교육적인 내용을 알리기 위해 특별 제작한 광고 예) 에너지 절약, 환경보호 등

광 고

광고인 이제석의 광고 스토리

- 광고인 이제석이 세계적인 광고, 수상작 등의 광고 제작의도를 밝힌 프로그램 (20분) – 필요 부분만 잘라서 보아도 좋음) 대전MBC 토크앤조이, 2022.04.22.

- "광고는 설명할 수록 안 좋다. 보는 순간 느낄 수 있어야 한다."
  - 이제석-

광 고

올해의 대한민국 광고대상 수상작 보기

- https://youtu.be/9GbbFvWoMOk
- 매년 광고 대상이 발표됨
- 광고대상 수상작 중
  3개를 선택하여 분석하기 (활동자료1 이용)

광고 제목	광고 제작	광고 주재	광고 내용	광고 특징

광 고

공익 광고 헤드라인

- 경고형 – 광고를 보는 사람이 문제점을 느끼도록 쓰는 표현 형식(예 "지구의 미래는 없습니다")
- 설명형 – 문제가 되는 행동과 상황, 왜 문제가 되는지 알려주는 형식 (예 "프라스틱이 썩는데 걸리는 시간은?")
- 호기심형 – 보는 사람의 호기심을 자극하는 질문을 던지고 문제점을 해결하도록 이끄는 형식
  (예 "이 많은 일회용품은 어디로 갈까요?")
- 제안형 – 광고의 내용에 동참하도록 독려하는 형식 (예 "재해는 누구에게나 일어날 수 있다. 당신의 도움이 필요하다")

광 고

공익 광고 제작 전략 회의 (모둠 활동)

활동자료 2 이용하기
- 사회 흐름 읽기 – 사람들의 심리, 정치 경제 사회적 상황, "광고는 시대를 느끼는 척수이다."
- 무엇을 광고할 것인가? 어떤 매체를 이용할까?
- 누구를 대상으로 광고할 것인가?
- 광고 소비 대상의 특징은 무엇인가?
- 광고 주제와 광고 대상과의 관계 분석하기
- 어떤 이미지, 인물, 배경이 눈길을 끌 것인가?
- 광고에 담을 관점(정체성)은 무엇인가?

광 고

광고 평가

- 광고의 목적에 맞는 언어를 효과적으로 사용 하였는가?
- 광고 소비자에게 맞는 광고를 기획했는가?
- 모둠 내에서 자신의 역할을 잘 수행하였는가?
- 시간 계획에 맞게 광고 제작이 진행되었는가?
- 광고를 본 소비자는 여러분이 계획한 반응을 보였는가?
- 광고 제작 과정에서 잘된 점, 아쉬운 점 등의 소감 나누기

1. 광고인 이제석의 인터뷰 영상을 보고 알게 된 점을 기록해 봅시다.

2. 좋은 광고는 어떤 광고인가? 대한민국 광고 대상 수상작을 분석해 봅시다.

광고 제목	광고 제작	광고 주제	광고 내용	광고 특징

3. 광고 제작에 적용될 전달력 강한 광고의 특징을 찾아봅시다.

· 모둠 광고 제작 회의

1) 무엇을 광고할 것인가?

2) 누구를 대상으로 광고할 것인가?

3) 광고 소비 대상의 특징은 무엇인가?

4) 광고 주제와 광고 대상과는 어떤 관계가 있는가?

5) 어떤 매체를 이용할까?

6) 어떤 이미지, 인물, 배경이 눈길을 끌 것인가?

7) 광고에 담을 관점(정체성)은 무엇인가?

· 공익광고의 요소를 어떻게 구성할까?(이미지만으로도 잘 전달하는 광고도 있음. 이 제석의 광고 참고)

1) 어떤 이미지를 사용할까?

2) 어떤 헤드라인으로 주장을 펼쳐나갈까?

3) 본문의 내용은 어떻게 구성할까?

* 위 계획을 바탕으로 광고 만들기(모둠 광고 제작 용지 별도 배부)

· 광고 제작 후 활동(평가)

✎ 학습 도움말

1. 교육 안에서 광고 활용의 한계

교육에서는 일부 상품 광고를 사용하는 경우도 있지만 주로 공익광고를 사용한다. 공공의 이익을 목적으로 한 광고이므로 교육 현장에서 사용하기에 적절하다. 하지만 상품 광고나 기업 이미지 광고 중에 창의적이고 혁신적인 광고들이 많다. 광고 리터러시에서 창의적 역량을 키우기에 좋은 소재이기도 하다. 하지만 특정 기업이나 상품에 대한 광고이기에 교육하는 중에 저절로 상품 광고가 스미는 경험도 하게 된다. 교육에 정말 좋은 광고라면 상품 부분을 가리기도 하지만 영상과 오디오만 들어도 무슨 광고인지 아는 학생들이 있어 조심스럽다.

또한 공익광고가 아닌 실제 광고가 필요한 주변의 소비자를 대상으로 상품이나 서비스 내용 분석, 주변 상권이나 소비자 분석 등의 과정을 거쳐 제작하는 광고 교육도 의미 있을 것이다. 이 장에서는 공익광고 제작으로 진행하였다.

2. 광고 제작 전에 멘토 텍스트 찾기

멘토 텍스트에 대한 것은 팟캐스트의 학습 도움말에서 설명한 내용을 참고한다. 창의적인 광고를 만들기 위하여 학생들이 스스로 아이디어 발상에 도움이 되는 다양한 멘토 텍스트의 광고를 찾아볼 것을 권한다. 창조는 모방에서 나오기도 하므로 광고를 분석하고 많이 접하는 것이 광고 제작에 도움이 될 것이다.

✏️ 평가

· **수업 후 셀프 체크리스트**(1:부족함, 2:보통, 3:잘함) – 학생용

평가 내용	상	중	하
창의적인 나만의 광고를 제작할 수 있었는가?			
수용자에게 전달력 높은 광고를 제작할 수 있었는가?			
모둠원과 함께 광고를 잘 분석할 수 있었는가?			

· **수업 후 셀프 체크리스트**(1:부족함, 2:보통, 3:잘함) – 교사용

세부 내용	상	중	하
학생들이 주도적으로 광고를 제작하도록 이끌었는가?			
모둠원 모두 참여하는 수업이었는가?			
광고 평가 후 학생들에게 도움되는 피드백을 했는가?			

· **루브릭 평가**

평가 요소	평가 내용	상	중	하
창의적 사고 역량	창의적인 광고를 제작할 수 있다.			
심미적 감성 역량	수용자에게 전달력 높은 광고를 제작하였다.			
협력적 소통 역량	협력하여 광고를 분석할 수 있다.			

생활기록부 작성 사례
이제석의 광고를 눈여겨보고, 광고 분석 항목에 따라 광고를 분석할 수 있음. 이를 바탕으로 창의적이고 수용자에게 설득력 있는 광고를 제작하여 발표하고 피드백을 들으며 더 완성도 높은 광고를 제작함.

광고 리터러시 2 - 매일 보는 광고, 낯설게 보기

✏️ 학습 목표(중등학교 이상)

광고의 의미와 기능을 이해하고 여러 편의 광고를 비교해서 선정한 광고를 개인별로 분석한 내용을 발표한 후 질의응답을 진행할 수 있다.

(지식정보 처리 역량) 광고의 의미와 기능을 이해할 수 있다.

(공동체 역량) 수용자에게 미치는 영향을 고려하여 광고를 분석할 수 있다.

(협력적 소통 역량) 광고 분석 내용에 대한 질의응답을 진행할 수 있다.

✏️ 미디어 리터러시 역량

(이해 역량) 상업성 이해 능력, 정보 판별 능력

(비판 역량) 비판적 사고, 분별적 이용

✏️ 학습 절차

도입	**어제 하루 동안 본 광고 떠올리기** 인터넷, 텔레비전, 오디오 등에서 어제 하루 접한 광고 메모해 보기. 평상시 광고에 대하여 어떤 생각을 하고 있었는지 이야기 나누기
진행 1	**· 광고 읽기(모둠 활동) - 광고 공통 제시, 모둠별 비교** - 세가지 광고를 보고 비교해 보기(수업자료 파워포인트 QR코드 참고) 지도Tip) 모둠 활동으로 공동 진행한다. 광고 분석 과정을 모둠 활동으로 익힌 후에 '진행 2'에서 개인 활동으로 진행한다. 처음부터 개인 활동으로 하기에 어려움이 있는 학생들이 있으니 모둠 활동으로 분석하는 과정을 이해하도록 한다. 그 후에 개별로 광고를 분석하는 과정으로 넘어간다면 광고 소비자의 역할을 더욱 정확하게 이해할 수 있을 것이다. 물론 모둠 활동에서의 분석과 개인 활동에서의 분석 항목이 일치하는 것은 아니다. 모둠 활동에서는 전체적인 것을 점검하는 수준이고, 개인 활동에서는 세부적으로 더 자세히 분석하는 단계로 나아간다. - 무엇을 광고하는가? 누가 광고하는가? 왜 이런 광고를 하는가? 광고 내용은 무엇인가?(등장인물(소재), 스토리, 메시지). 이 광고의 특별한 점은 무엇인가? 이 광고는 우리에게 어떤 영향을 주었는가? 광고

	평가와 그 이유 정리하고 발표하기
진행 2	**내가 본 광고 파헤치기**(개인 활동) **- 공통 광고 분석** **- 광고 선정하기** 광고 3가지를 공통으로 선정하여 개별로 분석한다. 지금 이 책에서는 '환경'이라는 주제로 선정했다. 교육 현장에서 학생의 관심을 반영한 주제로 3가지 광고를 선정하여 진행하는 것도 좋다. **- 광고 분석표에 기록하며 광고 보기**(활동지, PPT 참고) **- 발표 후 질의응답 받기** **- 광고 분석하며 보는 것과 그냥 보는 것은 어떤 차이가 있는지 이야기 나누기** 광고 분석 후에 학생들이 나눈 이야기를 바탕으로 분석의 중요성을 정리한다. 광고를 분석하는 것은 비판적이고 분별적으로 광고 읽기 외에 광고 생산자로서 시각을 길러주는 활동이다. 이를 바탕으로 광고를 제작하는 활동을 이어서 하는 것도 권장한다. 분석 과정이 광고 제작보다 더 난이도 있는 활동으로 학생들이 어려워할 수 있다. 앞에서 다룬 광고 제작이 먼저 제시된 이유다.
정리	· 짧은 시간 스쳐 지나가는 광고가 아닌 깊이 있게 분석하는 과정을 통하여 광고의 목적과 의도를 이해하고, 광고의 영향력에 대하여 알게 된 내용을 정리한다.

광고 역사

우리나라 광고 시작은 언제일까?

- 대한민국 근현대 광고 100년 역사 3분 영상 보기- 한국방송통신공사

- 최초의 광고 명칭은 고백 - KBS 뉴스 1분 영상 보기

광고 읽기

광고 보고 비교하기

➢그린피스 플라스틱

➢ 친환경 쿨한가게

➢ 털린 그림 찾기

광고 읽기

<실습> 광고 분석 (공통)

활동1> 앞 장의 QR 코드로 광고 연결하여 보고, 분석하기 (활동자료 1에 기록하기)

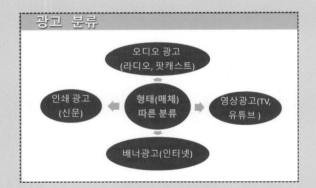

광고 기능

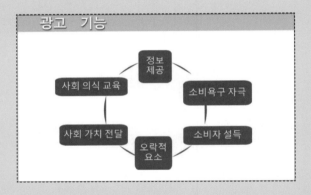

정보 제공 / 소비욕구 자극 / 소비자 설득 / 오락적 요소 / 사회 가치 전달 / 사회 의식 교육

광고 분류

오디오 광고 (라디오, 팟캐스트)

인쇄 광고 (신문)

형태(매체) 따른 분류

영상광고(TV, 유튜브)

배너광고(인터넷)

광고 읽기

<실습> 광고 분석 (개인 선정)

활동2> 각자 개인이 선정한 광고 한 편 분석하기 (활동자료 2에 기록)

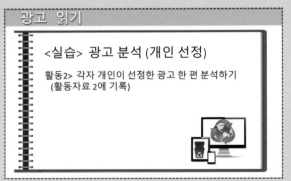

광고	무엇을 광고하는가?	누가, 왜 이런 광고를 하는가?	광고 내용 설명 (등장인물(소재), 스토리, 메시지)	이 광고의 특징은 무엇인가?	광고 평가 (1~5점을 준 이유)	점수 1~5점
그린피스 플라스틱 광고						
친환경 쿨한가게 광고						
털린 그림 찾기 광고						

1. 내가 좋아하는 광고를 자세히 파헤쳐 봅시다.

분석 항목	분석 내용	평가(1~5)
광고의 종류 (공익, 상품, 기업 이미지)		
누가 만들었는가?		
무엇을 광고하고 있는가?		
어떤 방법으로 광고하는가? (인물 중심, 사물 중심)		
주 대상은 누구인가?		
광고의 특징은 무엇인가? (색, 배치, 특이점)		
이미지, 글자의 분량은 어떠한가?		
영상 광고의 시간은 어떠한가?		
정체성, 관점이 보이는가?		
광고 제작비는 누가 내는가?		
어떤 매체로 전달되는가? (신문, TV 광고, 인터넷 광고 등)		
일반인들은 이 광고를 어떻게 받아들이는가?		
문제되는 점이 있는가?		

✏️ 학습 도움말

1. 매일 접하여 무뎌진 광고에 대한 감각 깨우기

광고의 화려한 이미지, 함축적인 헤드라인은 제작자의 의도와 제작 기간에 비하여 30초 내외의 짧은 시간에 지나가 버리기 때문에 그 순간을 붙잡아 분석하지 않으면 깊이 있게 읽어내기가 쉽지 않다. 다른 미디어와 마찬가지로 단지 보는 것이 아니라 읽어내야 한다.

학생 개인이 처음부터 분석하기는 쉽지 않다. 모둠 활동으로 광고를 분석한 후, 이를 바탕으로 개인적인 분석 과정으로 진행한다. 중학생 45분 수업 중 5개의 광고를 진행한 사례(아래 사진 예시, 중 1학년)이다. 광고에 대한 기본 개념을 배운 후에 진행된 수업이라 5개 광고 분석이 어렵지 않았으나, 앞 차시에 광고에 대한 수업이 없었다면 3개의 광고를 진행하는 것이 적당하다. 광고 분석 후 이 광고를 보고 어떤 생각을 하게 되었는지 등 영향에 대한 것도 정리하기를 권한다.

✏️ 평가

· 수업 후 셀프 체크리스트(1:부족함, 2:보통, 3:잘함) – 학생용

평가 내용	상	중	하
광고의 의미와 기능을 이해할 수 있었는가?			
광고를 분석하여 수용자에게 미치는 영향을 설명할 수 있었는가?			
광고 분석 내용을 소개한 후 질의응답을 진행할 수 있었는가?			

· 수업 후 셀프 체크리스트(1:부족함, 2:보통, 3:잘함) – 교사용

세부 내용	상	중	하
광고의 의미와 기능에 대해 잘 전달되었는가?			
분석하는 방법에 대한 구체적인 설명을 했는가?			
광고 분석의 질의응답에 대한 적절한 개입과 피드백을 했는가?			

· 루브릭 평가

평가 요소	평가 내용	상	중	하
지식정보 처리 역량	광고의 의미와 기능을 설명할 수 있다.			
공동체 역량	모둠원과 협업하여 광고를 분석할 수 있다.			
협력적 소통 역량	광고 분석 내용에 대한 질의응답을 진행할 수 있다.			

생활기록부 작성 사례
광고의 의미와 기능을 이해하고 이를 바탕으로 수용자에게 미치는 영향을 고려하여 광고를 세부적으로 분석할 수 있음. 광고의 분석 내용을 설명하고 질의응답을 진행함.

광고 리터러시 3 - 맞춤형 광고를 보는 생비자의 관점

✎ 학습 목표(중학교 이상)

맞춤형 광고에 대한 뉴스 영상 시청 후, 생비자(생산자와 소비자)의 입장 차이를 비교한다. 이를 바탕으로 의견을 정리하여 공유할 수 있다.

(지식정보 처리 역량) 광고에 대한 생비자의 입장 차이를 비교할 수 있다.

(공동체 역량) 모둠원들과 맞춤형 광고 분석에 적극적으로 참여할 수 있다.

(협력적 소통 역량) 서로 소통하여 소비자의 현명한 광고 수용을 위한 5계명 작성을 할 수 있다.

✎ 미디어 리터러시 역량

(비판적 이해 역량) 정보 판별 능력, 상업적 이해 능력

(참여 역량) 시민적 실천과 참여 능력

✎ 학습 절차

도입	**광고가 없다면?** - TV, 유튜브, 플랫폼, 신문의 광고가 없다면 어떨까?(소비자, 생산자, 매체의 입장에서 각각 생각하기)
진행 1	**·광고의 이모저모(모둠 활동)** - 다음에 해당하는 광고를 찾아보고, 해당 내용 설명하기(활동지에 기록하며 찾기, 모둠별 하나씩 선택하여 찾고 발표) 1) 가짜 뉴스 같은 광고 2) 편견에 사로잡힐 수 있는 광고 3) 차별이 담긴 광고 4) 맞춤형 광고 5) 허위 과장 광고 6) 광고인지 뉴스나 콘텐츠인지 판단이 어려운 광고

	지도Tip) 근거 없는 판단으로 광고 제작자나 소비자가 피해를 볼 수도 있다는 것을 인지하고, 정확한 판단 근거를 찾도록 한다. 인터넷 자료를 검색할 때는 공신력 있는 기관, 출처를 명확하게 확인하도록 다시 한 번 강조한다.
진행 2	· **맞춤형 광고를 보는 생비자의 관점(모둠 활동)** - 각자 경험한 맞춤형 광고 이야기 나누기(메일, 플랫폼, 문자, 카톡, SNS에서 맞춤형 광고) 성인들은 매일매일 쏟아지는 광고를 받고 있지만, 학생들의 입장은 조금 다를 수 있다. 맞춤형 광고를 받는다는 것의 의미를 생각해 보도록 한다. 온라인 곳곳에 개인정보가 노출되고 있다는 것을 알고, 학생들 각자 어떤 경우에 개인정보를 스스로 제공하고 있는지 돌아보도록 한다.(앱을 다운로드하거나, 회원 가입 시에 이름, 전화번호, 이메일 주소 등을 입력할 때, '필수'와 '선택'으로 나뉘어 정보 제공을 하는 것에 대한 이야기도 나누면 좋다. - 2개의 영상 보고 비교 분석하기(영상-파워포인트 QR코드) 1) 대화창에도 '맞춤형 광고' / KBS 2019.5.25.(2분) 2) 개인 맞춤 광고의 시대 [극찬기업] 30-1 / YTN 사이언스(6분) - 비교 분석 후에 생산자와 소비자의 관점에서 맞춤형 광고에 대한 의견 정리하기 뉴스 영상을 한 번만 보고 내용을 정리하기는 쉽지 않다. 기사 분석하는 비교 항목을 먼저 파악하도록 한다. 영상을 보기 전에 두 번 보여줄 것이라고 공지하고 처음에는 전체 맥락 파악하며 보기, 두 번째 볼 때는 필요한 내용을 기록하며 보는 방법을 소개한다. - 맞춤형 광고에 대한 의견 친구들에게 공유하기 미디어 리터러시의 '참여'에 대하여 교육자들 사이에 의견이 분분하다. SNS 등의 온라인에 올리는 것이 참여인지, 사회적인 활동이 적극적인 참여인지, 또는 미디어 교육 주제에 대해 비판하고 모둠원들과 활동하는 것 자체가 참여인지에 대한 의견이 조금씩 엇갈리고 있다. 하지만 교육 현장에서 그런 구분은 중요하지 않을 때가 많다. 학생들이 교육의 주제에 대해 몰입하고 진행하는 과정에서 교육적 목표를 달성할 수 있다. SNS 등의 온라인에 올리는 것에 대하여 미디어 리터러시 교육 전반을 바탕으로 어느 영역에서든 한 번은 이야기를 나누어야 한다. 개인정보 유출 외에 다른 문제도 있을 수 있다. 이번 장에서 다룬 광고의 분석이 주관적일 수 있다는 점, 근거 자료의 부족으로 인한 판단 착오가 발생할 수 있다는 점을 염두에 두어야 한다. 이로 인하여 피해를 입는 업종이나 사람들이 있을 수 있다는 것을 생각하면 좀 더 꼼꼼한 분석을 해야 함을 학생들이 알도록 한다.
정리	광고를 수용하는 현명한 소비자 관점에서 작성하는 '광고 5계명' 만들기 정해진 답은 없다. 광고의 소비자 입장에서 피해를 줄이고, 현명하게 광고를 수용하려면 어떤 점을 주의하고, 꼼꼼하게 점검해야 하는지를 찾아내도록 한다. 1) 광고 무조건 믿지 않기 2) 맞춤형 광고를 보내는 주체가 나의 정보를 어떻게 알았는지 찾아보기 3) 허위 과장 광고인지 의심하기 4) 정부의 중요 기관이 제공하는 자료 보기(식품의약품안전처, 보건복지부 등의 정부 발표 자료나 뉴스 참고하기) 5) 광고 분석 과정을 기억하고 분석하며 광고 수용하기

수업자료

광고 분석
광고가 없다면?

TV, 유튜브, 플랫폼, 신문의 광고가 없다면 어떨까?

소비자, 생산자, 매체의 입장에서 각각 생각하기

광고 분석
광고의 여러 모습 찾기

- 광고에 가짜 뉴스도 있어요.
- 광고가 주는 편견에 사로잡힐 수도 있어요.
- 광고에 차별이 담기기도 해요.
- 광고의 선정적인 장면도 있어요.
- PPL (간접광고) 드라마나 예능 프로그램의 중간광고도 있어요.
- 광고인지 뉴스나 콘텐츠인지 판단의 어려워요.
- 맞춤형 광고는 우리의 개인 정보를 이용하고 있어요.

광고 분석
<실습> 다양한 광고 탐색

활동1> 활동자료 1의 분석표에 기록

- 맞춤형 광고
- 허위과장광고
- 차별이 담긴 광고
- 가짜 뉴스 같은 광고
- 편견에 사로잡힐 수 있는 광고
- 광고인지 뉴스나 콘텐츠인지 판단이 어려운 광고

광고 분석
개인정보 이용하는 광고

➢한겨레 2022.05.05. "쇼핑목 장바구니 담은 운동화, 페북이 어떻게 알았지?" http://enie.forme.or.kr/news/v1/483660216.jpg

➢기사 읽기
1) 중요한 내용 밑줄 그으며 읽기
2) 낯선 어휘 찾아 이해하며 읽기
3) 기사의 중요 내용 간단하게 요약하기

광고 분석
맞춤형 광고의 장단점

➢생산자, 소비자 측면에서 검토하기

➢장점
개개인 취향 반영, 필요한 정보 제공

➢단점
개인정보 이용과 유출, 여러가지 콘텐츠에 무분별하게 사용
'성격분석 퀴즈 ' 앱 등, 인터넷 발자국 지우기

광고 분석
<실습> 맞춤형 광고 기사 비교

활동1> 아래 QR코드로 뉴스 영상보고 비교 분석하기 (활동자료 2에 기록)

항목 (광고 제목 :)	광고 분석 (항목에 해당하는 설명)	매체	광고 종류 (공익/상품)	광고 형태 (인쇄/영상)	친구 발표 듣고 소감
가짜 뉴스 같은 광고 제목:					
편견에 사로잡힐 수 있는 광고 제목:					
차별이 담긴 광고 제목:					
맞춤형 광고 제목:					
허위 과장 광고 제목:					
광고인지 뉴스나 콘텐츠인지 판단하기 어려운 광고 제목:					

1. 두 영상을 보고 분석해 봅시다.

광고	영상 내용	누구의 입장에서 말하고 있는가?	이 영상을 본 사람들의 반응은 어떨까?	나는 맞춤형 광고에 대하여 어떻게 생각하는가?
KBS 뉴스				
YTN 사이언스				

2. 맞춤형 광고의 장단점을 정리해 봅시다.

3. 광고를 수용하는 현명한 소비자의 자세 5계명 만들기

🖊 학습 도움말

1. 광고 이면의 드러나지 않은 것들에 대한 궁금증 자극하기

광고의 의미, 기능, 영향력을 지도자가 이끌고 가는 수업이 아니라 학생들이 주도적인 수업을 하려면 광고 표면에 드러난 것보다 보이지 않는 것을 들여다볼 수 있도록 질문하는 것이 중요하다. 광고의 생산자는 누구일까? 학생들은 광고 제작자만을 생각하기 쉽다. 하지만 광고 제작자는 왜 광고를 제작할까? 누구의 의뢰를 받은 것일까? 그 의뢰인은 누구인가? 이런 질문을 던져보면 광고 제작자뿐만 아니라 제작 의뢰자가 있음을 알게 된다. 그럼 문제가 있는 광고에 대한 책임은 누가 져야 하는지에 대해서도 생각해 볼 수 있다.

2. 뉴스와 광고의 구분

교육 현장에서 학생들이 뉴스 같은 광고나 허위 과장 광고를 구분하기 어려워하는 경우를 자주 보게 된다. 뉴스 리터러시에서 허위 조작 정보에 대한 민감도를 많이 키웠을 것이다. 이를 바탕으로 허위 과장 광고를 연결해서 생각해 보도록 하는 것은 사고의 연결 고리 만들기에 효과적이다. 알고 있는 정보들이 학생들 각자의 정보 창고에 들어 있다고 한다면, 어느 상황에 어떤 정보를 꺼내어 사용할지 학생들은 잘 모른다. 이런 연결 고리, 생각의 꼬리 물기를 어떻게 하는가에 대하여 지도자가 피드백을 주며 자극하는 것이 필요하다. 학생들이 당연히 아는 것은 없다. 어디선가 보았든지, 한 번은 경험했든지, 누군가에게 들어야 아는 것이다. 광고 리터러시를 포함한 미디어 리터러시 수업에서는 지도자가 학생들의 사고에 대한 동기부여를 많이 하여 미디어 감수성을 키워주는 수업이 되어야 한다.

✏️ 평가

· **수업 후 셀프 체크리스트** (1:부족함, 2:보통, 3:잘함) – 학생용

평가 내용	상	중	하
광고의 문제점을 찾아낼 수 있었는가?			
맞춤형 광고에 대한 생비자 입장의 차이를 비교할 수 있었는가?			
광고를 현명하게 수용하기 위하여 점검할 사항을 제시할 수 있었는가?			

· **수업 후 셀프 체크리스트** (1:부족함, 2:보통, 3:잘함) – 교사용

세부 내용	상	중	하
맞춤형 광고를 이해할 수 있게 설명했는가?			
맞춤형 광고에 대한 생비자의 입장 차이를 알도록 이끌었는가?			
적절한 질문으로 소비자 관점을 파악하도록 도왔는가?			

· **루브릭 평가**

평가 요소	평가 내용	상	중	하
지식정보 처리 역량	광고의 문제점을 찾아낼 수 있다.			
공동체 역량	생비자 입장에서 맞춤형 광고를 분석할 수 있다.			
협력적 소통 역량	현명한 광고 소비자 입장에서 주의점을 제시할 수 있다.			

생활기록부 작성 사례
문제가 있는 광고, 맞춤형 광고에 대한 비교 분석 후에 광고의 소비자로서 광고를 수용하는 자세 5계명을 제시하고 실천을 다짐함. 한 번의 수업으로 끝내지 않고, 지속적인 광고 분석 정보를 만들어 모둠원들과 공유하는 적극적 광고 소비자의 역할을 함.

8 소셜 미디어

소셜 미디어란 사람들의 생각이나 경험, 정보 등을 공유하기 위해 이용되는 대인 관계망 온라인 플랫폼을 말한다. 소셜 네트워크 서비스(social networking service, SNS)라고 불리기도 하는데, 이는 영미권이 아니라 일본에서 시작된 용어이다. 우리나라에서는 소셜 미디어라는 용어를 사용하는 경우가 더 많고, 국립국어원은 한국어 용어로 누리소통망이라고 지정했다. 소셜 미디어는 온라인 플랫폼을 통해 개인 간의 연결망을 기반으로 서로의 생각이나 경험, 관점 등을 주고받는 소통의 매개체라고 할 수 있다. 이는 신문의 역사에서 등장하는 커피하우스의 역할이 온라인으로 옮겨온 것으로 볼 수 있다.

〈경향신문〉 1996년 1월 4일자에 '멀티미디어가 꿈의 세계 연다'는 제목으로 컴퓨터와 통신이 하나로 결합되어 시공간의 제약을 없앤 미디어가 등장할 것이라고 보도하였다. 이는 정보화사회로 진화하고 있음을 시사한 것이다. 물론 당시에 개발 중이던 그것이 지금과 같은 스마트 미디어를 말하는 것은 아니지만, 현재 개인용 휴대 단말기, 즉 내 손 안에 비서라고 불리는 스마트 미디어를 1인 1대 소유하는 시대(《무선통신 서비스 통계 현황〉, 과학기술정보통신부, 2019)가 되었다. 스마트 미디어는 하드웨어인 미디어가 소프트웨어인 애플리케이션(application, 앱)과 분리되면서, 내가 원하는 앱을 맞춤형으로 이용할 수 있게 되었고, 그중 하나가 소셜 미디어다.

사람들은 페이스북, 트위터, 인스타그램, 블로그, 트위터, 카카오스토리, 밴드 등의 다양한 소셜 미디어 공간에서 텍스트, 이미지, 영상 등을 이용하여 소통한다. 사람들은 이곳에서 자기와 생각이 비슷한 사람과 연결하고, 불특정 다수를 대상으로 친구 관계를 맺거나 팔로우하고, 그들의 이야기에 '좋아요'나 '공유'로 공감을 표시하며, '댓글'을 작성하는 방식으로 '참여'와 '소통'을 한다. 이러한 소셜 미디어 활동은 일상이 되었으며, 이 안에서 사소한 부분까지 공유하며 관계를 이어간다. 우리는 네트워크로 관계를 맺은 사람들이 올리는 정보를 통해 세상의 소식을 듣고, 타인의 경험을 간접경험하며 내 생각에 힘을 얻는다. 이렇게 소셜 미디어 안에서 소통하는 이유 중 하나가, 나와 연결된 사람이 멀리 있더라도, 나와 친분이 돈독하지 않더라도, 불특정 다수가 보내는 즉각적인 반응이 있고, 즉각적인 반응이 없더라도 누군가는 내 글을 읽고 공감하였을 거라는 기대감으로 나의 존재를 확인할 수 있기 때문이다. 이러한 소셜 미디어는 다른 미디어보다 더 빠르게 전달되고, 공유되며, 영향력을 발휘한다.

하지만 소셜 미디어가 긍정적인 영향만 미치는 건 아니다. 불특정 다수가 올리는 허위 조작 정보나 상업적 글에 속기도 하고, 댓글에 상처받기도 하

며, 무심코 올린 게시물이 나의 발목을 잡는 일도 발생한다. 이러한 현상은 코로나19 이후 스마트폰의 이용이 3배나 늘어난 청소년도 마찬가지다. 특히 온라인 세상이 가상의 세상(메타버스)으로 확장되면서 생각하지 못했던, 사이버 성폭행과 같은 다양한 디지털 범죄가 발생하고 있다는 점에서, 소셜 미디어에 대한 제대로 된 교육이 필요하다.

* 소셜 미디어 부분은 함께 공부하고 연구한 ㈜한국미디어리터러시교육협회의 신소영 강사와 김미성 강사의 도움으로 제작되었다.

소셜 미디어 1 – 소셜 공간 탐색

✏️ 학습 목표(초등 고학년 이상)

소셜 미디어의 개념을 알고 특성을 고려하여 안전하게 이용할 수 있다.

(지식정보 처리 역량) 이용 습관을 고려하여 스마트 미디어를 정리할 수 있다.

(창의적 사고 역량) 소셜 미디어의 올바른 이용을 분석할 수 있다.

(협력적 소통 역량) 순기능과 역기능을 설명할 수 있다.

✏️ 미디어 리터러시 역량

(비판 역량) 정보 이해, 정보 판별, 정보 평가

(향유 역량) 심미적 감상, 미디어 경험 향상

✏️ 학습 절차

도입	**모둠 짓기** 4명이 한 모둠이 되도록 구성한다.
진행 1	**· 소셜 미디어 개념 이해** 자음으로 작성된 소셜 미디어 개념을, 학생들이 스스로 문장을 완성하며 익힌다. 완성된 문장을 바탕으로 소셜 미디어의 개념을 정리한다. 지도Tip) '활동자료 ①'을 작성할 때, 모둠이 함께 스마트폰을 사용하지 않고 단어를 유추하며 문장을 완성하도록 한다. 문장을 완성하며 소셜 미디어에 대해 여러 가지 이야기를 나눌 수도 있다. **· 나의 소셜 미디어** 나의 핸드폰을 열고 어떤 소셜 미디어가 있는지, 어떻게 이용하고 있는지 기록하고, 자주 이용하는 소셜 미디어의 순위, 1순위 소셜 미디어를 이용하는 이유를 장단점으로 나눠 '활동자료 ①'에 작성하고 모둠 내에서 발표한다. 소셜 미디어 수업에서는 스마트폰을 사용하므로 반드시 배터리 상태를 확인한다. 가로선을 회색으로 하였으므로, 5개 이상의 경우 줄과 상관없이 작성해도 좋다.

	· 우리들의 소셜 미디어
	친구들의 발표를 듣고 모둠에서 가장 많이 이용하고 있는 미디어를 '베스트 5'로 정리하고 발표한다.
	이때 '베스트 5'의 소셜 미디어를 선호하는 이유에 대해서도 친구들과 함께 이야기 나누고 정리한다.
	"우리나라 소셜 미디어 이용률 89%… 대만 제치고 세계 2위"(연합뉴스, 2021.06.16.)
	https://www.yna.co.kr/view/AKR20210615139100017
진행 2	**· 소통을 위한 앱 분석**
	소셜 미디어의 기능을 하는 다양한 앱 가운데 모둠이 이용하고 있는 앱 5가지를 선정한다. 그중 1인
	2개를 선정하여 관련된 내용을 찾아 '활동자료 ②'에 작성하고 모둠에서 발표한다.
	모둠 활동으로 다양한 앱 가운데 5개를 선정하고, 스마트폰을 이용하여 앱에 대한 정보를 검색하여
	작성한다. 이때 하나의 앱에 대해 2명 이상이 조사하게 하여, 정보를 더 알차게 채우도록 한다. 또한
	소셜 미디어의 장단점을 찾아 작성하도록 한다. 모둠 발표가 끝나면, 전체를 대상으로 5가지 가운데
	2가지 정도를 선택하여 대표자가 발표한다. 이때 앞선 팀이 발표한 내용과 중복되는 앱에 대해 발표하
	는 경우, 뒤에 발표하는 팀의 발표 내용 가운데 새로운 내용이 없다면, 다른 앱을 선정하여 발표한다.
	· 소셜 미디어의 순기능과 역기능
	뉴스를 검색하여 소셜 미디어의 순기능과 역기능에 해당하는 사례를 하나씩 찾아 정리한다. 모둠에
	서 1인이 대표가 되어 전체를 대상으로 발표를 진행한다.
	여기에서는 순기능과 역기능은 주제가 아니므로 대표적인 사례 하나씩만 찾아서 작성하고, 모둠 안
	에서 발표한 후 1가지를 선정하여 반 전체를 대상으로 추가 발표한다.
정리	· 소셜 미디어 개념 정리
	· 나의 소셜 미디어
	· 소통을 위한 앱 분석
	· 소셜 미디어의 장점과 단점

소셜 미디어	특성			
개념				
내가 가진 소셜 미디어 앱	앱 이름	순위	얼마나, 어떻게 이용하는가?	삭제OX

이름( )	
장점	단점
자주 이용하는 소셜 미디어 장점 / 단점	

활동자료 ② – 스마트 미디어 / A4로 확대, 1인 1장 출력

소셜 미디어 기능과 역할			

그 외 다양한 소셜 미디어 앱	앱 이름	소통 방식	앱의 특징

소셜 미디어 순기능 / 역기능	순기능	역기능

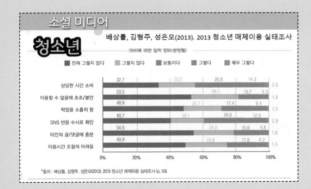

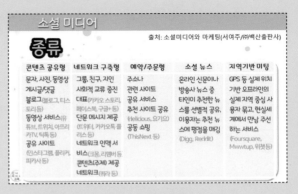

🖊 학습 도움말

1. 소셜 미디어의 이용에 대해

소셜 미디어는 청소년의 주된 소통 통로이기도 하다. 이 활동을 통해 소셜 미디어의 기능을 이해하고, 제대로 이용할 수 있는 디지털 시민성을 향상하도록 한다. 자주 이용하는 소셜 미디어의 장단점에서는, 어떤 것을 무엇 때문에 자주 이용하는지, 또는 자주 이용해 보니 어떤 점이 불편한지에 대해 이야기 나눈다. 가령 음식 사진이 너무 많이 올라와서 다이어트를 방해한다는 등의 간단한 생각을 나누어도 좋다. 이 활동에서 학습자가 너무나 많은 소셜 미디어 환경에 놓여 있는 것을 확인하였다면, 꼭 필요한 몇 가지를 중심으로 정리할 수 있도록 지도하면 좋다.

2. 소셜 미디어의 특징

소셜 미디어의 공통된 특징은 소통을 위해 공감과 공유를 유도한다는 것이다. '좋아요', '구독', '공유', '알림 설정'과 같은 방법으로 함께하기를 권유함과 동시에 홍보의 기능을 한다. 이는 소통의 순기능이 역기능을 발휘하기도 하는 사례이다. 소셜 미디어 하나하나의 특징을 한마디로 정의해 보는 것도 좋다.

3. 순기능과 역기능 사례

여기에서 다루는 순기능과 역기능은 이 활동의 중심이 아니기에, 순기능과 역기능을 하나씩 찾아보는 정도로 하면 된다. 어느 식당의 후기나 어느 카페 회원들의 댓글에서도 순기능과 역기능을 쉽게 찾을 수 있다.

✏️ 평가

· 수업 후 셀프 체크리스트(1:부족함, 2:보통, 3:잘함) **- 학생용**

평가 내용	상	중	하
소셜 미디어의 개념을 이해하였는가?			
소셜 미디어 각각의 특징을 제대로 파악하였는가?			
소셜 미디어의 순기능과 역기능을 파악하였는가?			

· 수업 후 셀프 체크리스트(1:부족함, 2:보통, 3:잘함) **- 교사용**

세부 내용	상	중	하
소셜 미디어의 개념을 이해하고자 노력하였는가?			
자신의 소셜 미디어 이용에 대해 개선하고자 노력했는가?			
소셜 미디어의 순기능과 역기능을 제대로 분석하였는가?			

· 루브릭 평가

평가 요소	평가 내용	상	중	하
지식정보 처리 역량	소셜 미디어의 올바른 이용을 위해, 이용 습관을 살피고, 앱을 정리할 수 있다.			
창의적 사고 역량	소셜 미디어의 올바른 이용을 위해, 정보를 분석적으로 사고할 수 있다.			
협력적 소통 역량	소셜 미디어의 순기능과 역기능을 설명할 수 있다.			

생활기록부 작성 사례
소셜 미디어의 개념을 이해하고, 자기의 소셜 미디어 이용에 대해 살피고, 건강한 소셜 미디어 이용을 위한 실천 방법 등을 생각하고 실천하고자 노력함.

소셜 미디어 2 - 소셜 미디어의 순기능과 역기능

✎ 학습 목표(초등 고학년 이상)

소셜 미디어가 미치는 영향을 이해하고, 생활에서 안전하게 이용할 수 있다.

(협력적 소통 역량) 문제 상황에 대한 생각을 효과적으로 표현할 수 있다.

(공동체 역량) 건강한 공동체 사회를 위한 올바른 이용을 생각할 수 있다.

(창의적 사고 역량) 다양한 지식과 경험을 통해 융합적으로 사고할 수 있다.

✎ 미디어 리터러시 역량

(비판 역량) 정보 이해, 정보 판별, 정보 평가

(향유 역량) 심미적 감상, 미디어 경험 향상

✎ 학습 절차

도입	**모둠 짓기** 4명이 한 모둠이 되도록 구성한다. 소셜 미디어 하면 떠오르는 것 이야기하기
진행 1	**· 소셜 미디어의 기능과 역할** 소셜 미디어의 기능과 역할을 조사한 후 모둠 안에서 이야기 나눈다. **· 소셜 미디어로 인한 생활의 불편함** 소셜 미디어에 관한 뉴스를 읽고, 이야기를 나눈다. - [단독] "고객 보호하겠다"… 소셜 미디어 중단 선언한 이 기업"(매일경제, 2021.11.29.) https://www.mk.co.kr/news/it/view/2021/11/1102030/ 지도Tip) 〈매일경제〉 뉴스를 읽고, '활동자료 ①'에 기록한다. 이 활동은 개인적으로 기록한 후에 친구들과 토의를 통해 생각을 공유하도록 한다. 특히 4번 질문에 대한 친구들의 생각 나누기를 통해 생각을 확장하도록 한다. - 엄마 아빠에게 빨리 알려드려야 하는 신종 카톡 피싱 수법(스브스뉴스) https://youtu.be/gJ7SfMkWdm4

	이 활동은 영상 뉴스를 보고 모둠이 토의를 통해 뉴스의 내용을 정리하는 것부터 시작하고, '활동자료 ①'에 기록한다.
진행 2	**· 소셜 미디어의 순기능과 역기능** 뉴스를 검색하여 소셜 미디어의 순기능과 역기능에 해당하는 사례를 찾아 정리한다. 모둠에서 1인이 대표가 되어 전체를 대상으로 발표를 진행한다. 앞 차시를 수업하였다면 활동에서 학습자 스스로 진행할 수 있지만, 그렇지 않은 경우는 학습자에게 순기능과 역기능을 검색하고 토의하는 방식을 설명할 필요가 있다. 이런 활동을 할 때는 찾은 내용 중 가장 상위의 것 하나만 보고 작성하는 것이 아니라, 이와 관련된 몇 가지를 더 검색한 후에 사실보다 진실을 찾으려고 노력해야 하며, 무엇이 문제인지를 명확하게 파악하려는 노력을 함께 해야 한다. 소셜 미디어가 있었기에 다른 나라의 전쟁을 하나하나 알 수 있고, 멀리 있는 친구들과 소통할 수도 있다. 그러나 그렇게 전해지는 것이 모두 옳은 정보일까도 함께 생각해 보아야 한다. 즉, 개인정보 유출, 불법 촬영물 확산, 허위 조작 정보의 전달 등 다양한 문제점, 위급 상황에 대한 빠른 대처, 풍부한 정보 습득 창구 등 다양한 장점을 확인할 수 있도록 지도한다. **· 청소년의 올바른 소셜 미디어 사용법** 소셜 미디어가 순기능을 하려면 어떻게 해야 할까? 사람들은 어떻게 이용해야 한다고 제안했을까? 뉴스 검색 등을 통해 소셜 미디어가 좋게 쓰일 방법을 모둠이 함께 생각하고 발표한다. 소셜 미디어의 올바른 사용 실천이라고 생각하면 된다. 최근 의료정책연구소도 '의사의 올바른 소셜 미디어 사용 실천을 위한 온라인 교육 프로그램 개발'에 나섰다. 다양한 기관에서 제안하는 올바른 사용 방법은 어떤 것이 있는지도 함께 조사하고, 이를 바탕으로 청소년이 소셜 미디어를 올바르게 사용할 방법을 생각해 보자. 이때 자료의 출처 등은 제대로 표기하여야 한다.
정리	· 소셜 미디어의 기능과 역할 · 소셜 미디어로 인한 생활의 불편함 · 소셜 미디어의 순기능과 역기능 · 청소년의 올바른 소셜 미디어 사용법

소셜 미디어	특성
[단독] 매일경제 2021.11.29.	1. 러쉬가 소셜 미디어를 중단한 이유는 무엇인가요?
	2. 러쉬가 소셜 미디어를 중단하는 진짜 이유는 무엇이라고 했나요?
	3. 러쉬가 고객과 소통하는 방법으로 선택한 것은 무엇인가요?
	4. 러쉬의 행보가 사회에 어떤 영향을 미칠까요?
스브스뉴스	1. 영상의 내용 중에서 기억나는 것을 기록해 봅시다.
	2. 영상에서 문제가 된 소셜 미디어의 기능은 무엇입니까?
	3. 소셜 미디어를 잘 이용하기 위해 나의 스마트폰에서 필요한 설정에 대해 이야기를 나눠 봅시다.

소셜	특성	
	순기능	역기능
순기능 & 역기능	선한 영향력의 사례	나쁜 영향력의 사례
청소년의 올바른 소셜 미디어 사용법		

소셜 미디어

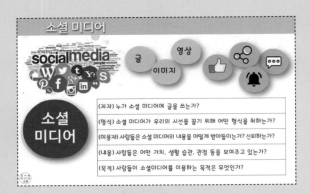

소셜 미디어

(저자) 누가 소셜 미디어에 글을 쓰는가?

(형식) 소셜 미디어가 우리의 시선을 끌기 위해 어떤 형식을 취하는가?

(이용자) 사람들은 소셜 미디어의 내용을 어떻게 받아들이는가? 신뢰하는가?

(내용) 사람들은 어떤 가치, 생활 습관, 관점 등을 보여주고 있는가?

(목적) 사람들이 소셜미디어를 이용하는 목적은 무엇인가?

소셜 미디어

출처: 소셜미디어와 마케팅(서여주/㈜백산출판사)

특징

끼리끼리 폐쇄형 소셜	블라인드 익명 소셜	서서히 사라짐 휘발성 소셜	좋아하는 것 관심사 소셜	찰칵찰칵 사진/동영상 소셜
특정한 사람만 접근 가능한 소셜	개인정보 받지 않는 소셜	제한 시간 설정으로, 일정 시간 후 사라지는 소셜	비슷한 취향을 가진 사람들이 모이는 소셜	사진과 동영상 중심으로 공유하는 소셜
비트윈, 밴드, 카카오그룹, 클래스팅	블라인드, 모씨, 어라운드, 두리번 등	스냅챗, 쨉(Zap)	핀터레스트, 빙글, 스타일쉐어, 팻북 등	인스타그램, 바인(Vine), 쨉, 폴라 다 등
학급 공지, 과제 관리, 비밀 상담 등 제공	학생 및 직장인 등 솔직한 소통 목적	기록이 아닌, 현재의 이슈 공유가 목적	관심 주제에 관한 내용만 공유가 목적	대화는 사진과 동영상 내의 댓글로만 가능

소셜 미디어

출처: 소셜미디어와 마케팅(서여주/㈜백산출판사)

특징

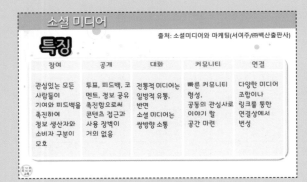

참여	공개	대화	커뮤니티	연결
관심있는 모든 사람들이 기여와 피드백을 촉진하여 정보 생산자와 소비자 구분이 모호	투표, 피드백, 코멘트, 정보 공유 촉진함으로써 콘텐츠 접근과 사용 장벽이 거의 없음	전통적 미디어는 일방적 유통, 반면 소셜 미디어는 쌍방향 소통	빠른 커뮤니티 형성, 공동의 관심사로 이야기 할 공간 마련	다양한 미디어 조합이나 링크를 통한 연결상에서 번성

소셜 미디어

순기능

SNS

'Social Network(ing) Service'
'사회 연결망 서비스'

빠른 정보 수집, 이동성, 신속성, 시간 제약 없이 실시간 소통, 정보소통 비용 감소, 쌍방향 커뮤니케이션 가능, 인맥의 확대, 여론 형성 편리함, 사회자본의 증가, 무료 서비스 증가, 효과적 홍보 수단, 스트레스 해소, 정서적 안정성, 시민 참여 확장

출처: 교육부, '여러분은 사이버 폭력으로부터 안전하신가요?' 2019.6.25

소셜 미디어

역기능

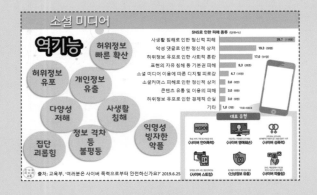

허위정보 빠른 확산, 허위정보 유포, 개인정보 유출, 다양성 저해, 사생활 침해, 집단 괴롭힘, 정보 격차 등 불평등, 익명성 빙자한 악플

출처: 교육부, '여러분은 사이버 폭력으로부터 안전하신가요?' 2019.6.25

소셜 미디어

출처: 소셜미디어와 마케팅(서여주/㈜백산출판사)

이용 수칙

친구 맺기는 신중하게, 기록이 되는 글 가려서 표현하기, 깊이 생각하고 게시물 올리기, 사진 게시 등 초상권 고려하기, 개인 정보 단계 조정하기

주요 소셜 미디어 노출 가능 개인정보 현황	블로그	싸이월드	페이스북	트위터
	(다음) 사진, 자기소개 (네이버) 이름, 성별, 생일, 별명, 지역, 취미	이름, 성별, 생년월일, 이메일, 혈액형, 직장, 집전화, 휴대전화, 집주소	이름, 성별, 생년월일, 거주지, 직장, 취미, 정치성향, 가족이름	이름, 거주지, 개인이 작성한 소개정보

✎ 학습 도움말

1. 영상을 이용한 동기부여

동기부여의 단계에서 소셜 미디어로 인한 피해 사례에 대한 영상 뉴스를 먼저 시청하면 학습자로부터 관심을 끌 수 있다. 또한 소셜 미디어의 순기능과 역기능을 공부해야 하는 이유를 쉽게 공감할 수 있다.

2. 소셜 미디어를 이용한 범죄 증가

소셜 미디어로 인한 생활의 불편함을 학습하기 전 또는 후에 〈그것이 알고 싶다〉의 '딥페이크 신종 피싱 방법 미리 알려드립니다' 영상을 시청하면, 소셜 미디어를 통한 범죄가 어떤 모습으로 진화하고 있는지 알 수 있다.

3. 스마트 미디어 건강하게 사용하기

소셜 미디어의 등장으로 스마트 미디어의 '과잉 사용'과 '과잉 의존' 및 '유령진동 증후군'과 같은 디지털 중독 현상이 나타나고 있다. 또한 사이버 괴롭힘, 디지털 성범죄 등이 끊임없이 발생하기도 한다. 여기에는 지면의 한계와 대상 연령을 초등 고학년으로 하였기에 사이버 성범죄에 대한 정보를 활동으로 담고 있지 않지만, 학습자의 수준에 따라 반드시 함께 이야기를 나누어야 할 주제이기도 하다. 여러 가지 이유 (미끼)로 디지털 성범죄에 노출되거나 범죄자가 되기도 하기에 조심스러운 지도가 이루어져야 하는 부분이기도 하다. 우리 아이들의 온라인과 오프라인의 삶이 모두 건강할 수 있도록, 즉 가상과 현실의 삶이 균형을 이룰 수 있도록 디지털 디톡스가 필요하다.

· **수업 후 셀프 체크리스트**(1:부족함, 2:보통, 3:잘함) - 학생용

평가 내용	상	중	하
소셜 미디어로 인한 문제를 효과적으로 표현하였는가?			
공동체 사회에서 올바른 이용을 위한 대안을 제시하였는가?			
지식과 경험을 융합하여 생각하고자 노력하였는가?			

· **수업 후 셀프 체크리스트**(1:부족함, 2:보통, 3:잘함) - 교사용

세부 내용	상	중	하
소셜 미디어로 인한 문제를 제대로 분석하고자 노력하였는가?			
공동체 사회의 이용에 대한 대안을 제시하고자 노력했는가?			
지식과 경험을 함께 고려하여 대안을 제시하고자 노력하였는가?			

· **루브릭 평가**

평가 요소	평가 내용	상	중	하
협력적 소통 역량	문제 상황에 대해 자기의 생각을 효과적으로 표현할 수 있다.			
공동체 역량	건강한 공동체 사회를 위한 올바른 이용 방법을 체계적으로 사고할 수 있다.			
창의적 사고 역량	다양한 지식과 경험을 융합하여 비판적이고 설득력 있는 사고를 할 수 있다.			

생활기록부 작성 사례
소셜 미디어의 순기능과 역기능을 파악하고 건강한 사회가 되기 위한 소셜 미디어의 이용을 체계적으로 제시하고자 노력함.

소셜 미디어 3 - 소셜 미디어 비평

✏️ 학습 목표(초등 고학년 이상)

소셜 미디어가 미치는 영향을 이해하고 사회활동에 활용할 수 있다.

(협력적 소통 역량) 문제 상황에 대해 효과적으로 표현할 수 있다.

(공동체 역량) 건강한 공동체 사회를 위한 올바른 이용을 생각할 수 있다.

(창의적 사고 역량) 다양한 지식과 경험을 통해 융합적으로 사고할 수 있다.

✏️ 미디어 리터러시 역량

(비판 역량) 정보 이해, 정보 판별, 정보 평가

(향유 역량) 심미적 감상, 미디어 경험 향상

✏️ 학습 절차

도입	**모둠 짓기** 4명이 한 모둠이 되도록 구성한다. *소셜 미디어의 기록에 대한 경험을 떠올려 이야기하기
진행 1	**· 소셜 미디어의 기록** 소셜 미디어의 특징 중 하나가 기록이다. 이러한 기록에 대한 예시를 보여준다. "물폭탄 극한 'K출근', 자라·물고기 도심서 '당혹'…이 사진까지 소환"(헤럴드경제, 2022.06.30.) http://news.heraldcorp.com/view.php?ud=20220630000899 [e글e글] 황교익, "박쥐 먹방 설현 '강제 소환'…후폭풍"(동아일보. 2020.01.31.) https://www.donga.com/news/article/all/20200131/99481249/2 지도Tip) 소셜 미디어의 기록에 대한 경험을 나눈다. 소셜 미디어의 진화는 시간을 기록하는 것으로 나타났다. 1년 전 오늘을 비롯하여 한 해 동안 어떤 일들이 있었는지 정리하여 보여주기도 한다. 단순하게는 나의 역사를 기록하고 있다는 점에서 유용한 일이지만, 지우고 싶은 과거까지 기록하고 있다는 점에서는 긍정적으로 볼 수만은 없다. 특히 청소년은 성장하는 과정에서 좋은 기억들은 남기고, 지우고 싶은 기억들은 잊는 게 필요하다고 학자들은 말한다. 그래야 새로운 자아를 형성할 수 있다고 한다. 하지만 소셜 미디어는 잊고 싶은 것을 끊임없이 상기시킨다는 점에서 문제가 되기도 한다.

	· **소셜 미디어로 인해 탄생한 용어**
	소셜 마케팅, 알고리즘, 온라인 저장소, 디지털 장의사, 잊혀질 권리, 셰어런팅(sharenting), 밈, 챌린지 등의 뜻을 찾아 소셜 미디어가 사회에 미치는 영향을 파악한다.
	'활동자료 ①'에 뜻과 관련된 사례를 찾아 정리하고, 모둠 안에서 발표 후 전체에 발표한다. 빈칸에는 이외에 조사된 단어를 작성한다.
진행 2	· **소셜 미디어의 현상에 대한 비평**
	소셜 미디어가 양산하는 신조어는 오늘날의 사회를 반영한다고 볼 수 있다. 이러한 소셜 미디어를 바르게 사용하기 위한 사회적 운동이 필요하다.
	다양한 챌린지가 생겨나고, 공유를 통해 필요한 정보를 확산하는 것도 사회적 참여라고 할 수 있다. 하지만 무분별한 챌린지도 마케팅 요소가 될 수 있다는 점에서, 또는 챌린지의 홍수가 발생할 수 있다는 점에서 유의할 필요가 있다. 소셜 미디어의 현상을 비평(비난이 아님)하고, 좋은 문화를 만드는 활동에 참여하는 것이 필요하다.
	· **올바른 소셜 미디어 이용 문화 캠페인**
	다양한 방법 중 포스터나 인포그래픽을 이용한 캠페인을 진행하고자 한다.
	포스터나 인포그래픽 수업이 되어 있지 않다면 그런 활동을 하기 위한 이론적 수업을 함께 진행하여야 한다. 그러나 어느 정도 학습되어 있다면 일반적 포스터와 인포그래픽의 차이 정도만 설명하고 바로 활동할 수 있도록 지도해도 좋다. 이때 이용 규칙을 몇 가지로 정할 것인가에 대해서는 지도자가 제시할 수도 있지만 학생들이 정하는 것도 좋다.
정리	· 소셜 미디어의 기록 · 소셜 미디어로 인한 신조어 · 소셜 미디어의 현상 · 올바른 소셜 미디어 이용 문화 캠페인

활동자료 ① - 광고 분석 / A4로 확대, 모둠별 1장 출력

단어	뜻	사례
소셜 마케팅		
알고리즘		
온라인 저장소		
디지털 장의사		
잊혀질 권리		
셰어런팅 (sharenting)		
밈		

수업자료

소셜 미디어 비평

소셜 미디어 신조어

소셜 마케팅 : 네트워크를 활용한 마케팅. 평판, 추천, 상담, 후기 등
알고리즘 : 문제를 해결하기 위한 절차, 방법, 명령어의 집합
온라인 저장소 : 네이버 클라우드, 마이크로소프트 원드라이브 등
디지털 장의사 : 인터넷에서 개인의 다양한 정보를 삭제하는 일

소셜 미디어 비평

소셜 미디어 신조어

잊혀질 권리: 특정인이 개인정보와 관련된 링크의 삭제를 요구할 권리
셰어런팅: 부모가 소셜 미디어를 통해 자녀 사진을 공유하는 것
밈: Internet Meme 또는 Meme. 복제된 2차 창작물이나 패러디물
챌린지: 특정한 목적을 확산하기 위해 규칙을 만들어 문화를 조성하는 것

소셜 미디어 비평

소셜 미디어 신조어

소셜미디어는 인간을 어떻게 망치는가
https://url.kr/7b8g4p

**유튜브 생중계 논란... 우크라이나
전쟁 보도, 이건 아니지 말입니다**
[미디어 리터러시]
https://url.kr/gao2ck

틱장애도 소셜미디어 때문?...
소셜미디어 업계에 쏟아진 비판
https://url.kr/kqaw1l

소셜테이너를 아십니까?
https://url.kr/jm65op

소셜 미디어 비평

OOO 챌린지

(저자) 누가 이 챌린지를 기획했는가? 누가 이 챌린지를 이어가는가?

(형식) 이 챌린지가 우리의 동참을 독려하기 위해 어떤 형식을 취하는가?

(이용자) 사람들은 이 챌린지의 내용을 어떻게 받아들이는가?

(내용) 이 챌린지는 어떤 가치, 관점, 생활 습관 등을 담고 있는가?

(목적) 이 챌린지는 어떤 메시지 혹은 유익을 위해 만들어졌는가?

소셜 미디어 비평

소셜 미디어 이용

페이스북의 '꼼수'...
어린이용 SNS가 비난 받는 이유
https://url.kr/itwkxz

**페이스북이 제시한 안전한 인터넷 및
SNS 사용을 위한 5가지 수칙**

▷ 자녀가 모바일 기기를 사용하기전 몇 가지 규칙을 세우자
- 밤 10시 이후에는 문자 메시지 보내지 않기
- 밤 10시 이후에는 소셜미디어 이용하지 않기 등

▷ 온라인에서 자녀와 소통하는 센스 있는 부모
- 부모도 가입해 소통하는 것이 자녀와의 거리감을 좁힘
- 자녀의 소셜미디어 활동을 감시하거나 검사하는 태도는 금물

▷ 게시물을 올리기전 한 번 더 짚어봐야 할 질문들
- 내 콘텐츠를 보고 다른 사람이 불쾌해 하지는 않을까
- 누군가 내 게시물을 악용해 내 명예를 훼손할 가능성은 없는가
- 공유했을 때 발생할 수 있는 최악의 시나리오는 무엇인가 등

▷ 공개 대상은 신중하게 친구 수락은 아는 사람만
- 전체 공개 / 친구만

▷ 신고를 통해 안전한 온라인 환경을 만들기
- 편파적 방법, 폭력 묘사, 괴롭힘과 같은 행위는 허용되지 않으며,
- 해당 유형의 콘텐츠를 신고할 경우 삭제 처리됨
- 부적절한 메시지, 그룹, 이벤트 또는 허위·사칭 프로필
- 신고는 익명 처리되므로 신분 노출을 걱정할 필요는 없음

소셜 미디어 비평

소셜 미디어 캠페인

▷ 긍정적 측면
▷ 부정적 측면

▷ 효과적 캠페인 위해 꼭 필요한 내용
▷ 목표로 하는 미디어 소비자
▷ 설득을 위한 메시지
▷ 설득을 뒷받침할 통계

🖊 학습 도움말

1. 셰어런팅

1970년대 거실 벽이나 안방 벽에는 아이들의 백일 사진이 걸려 있었다. 아들은 발가벗겨서 의자에 앉히고, 딸은 바닥에 뉘어서 천을 덮고 촬영한 사진이었다. 당시에는 사진을 공유할 소셜 미디어가 발달하지 않았던 터라 특별히 문제되지 않았지만, 요즘은 남녀차별뿐 아니라 당사자인 자녀의 허락 없이 공유하는 것이 문제되기도 한다. 셰어런팅(sharenting)은 공유(share)와 육아(parenting)의 합성어로 자녀의 일거수일투족을 소셜 미디어에 공유하는 현상을 뜻한다. 실제 2016년 오스트리아에서는 10대 자녀가 2009년부터 자신이 용변 훈련을 받는 사진과 알몸 사진 등을 공유하였다는 이유로 자신의 부모를 고소하는 일이 발생하기도 하였다. 물론 실제 부모의 처벌을 바란 것이 아니라, 주의가 필요하다는 점을 이야기하기 위함이었다. 프랑스에서는 자녀의 동의 없이 사진을 올릴 경우 벌금형 또는 징역형에 처하는 법이 만들어지기도 했다.

2. 댓글 소통의 중요성

이러한 소셜 미디어 수업에서 잊지 말아야 할 것이 댓글 소통법이다. 미디어는 소통을 위한 도구인데, 소통이 아니라 불통의 도구가 되기도 한다는 점에서 주의가 필요하다. 1부에서 만난 케빈 카터의 사례와 같이 댓글로 인해 상처받고 다른 선택을 하는 사람들도 있다는 점에서, 소통이 모든 이에게 유익한 것은 아닐 수 있다는 점을 명심해야 하며, 목소리로 소통할 때와 글로 소통할 때는 나의 의도와 다르게 전달될 수 있다는 점도 인지하여야 한다. 그러므로 댓글 예절과 바른 댓글 문화에 대해서도 생각해 봐야 한다.

· 수업 후 셀프 체크리스트(1:부족함, 2:보통, 3:잘함) - 학생용

평가 내용	상	중	하
소셜 미디어로 인한 문제를 효과적으로 표현했는가?			
공동체 사회의 올바른 이용을 위한 약속을 제시했는가?			
지식과 경험을 융합하여 생각하고자 노력했는가?			

· 수업 후 셀프 체크리스트(1:부족함, 2:보통, 3:잘함) - 교사용

세부 내용	상	중	하
소셜 미디어로 인한 문제를 제대로 분석하고자 노력했는가?			
공동체 사회의 이용에 대한 약속을 제시하고자 노력했는가?			
지식과 경험을 함께 고려하여 대안을 제시하고자 노력했는가?			

· 루브릭 평가

평가 요소	평가 내용	상	중	하
협력적 소통 역량	문제 상황에 대해 자기의 생각을 효과적으로 표현할 수 있다.			
공동체 역량	건강한 공동체 사회를 위한 올바른 이용 방법을 체계적으로 사고할 수 있다.			
창의적 사고 역량	다양한 지식과 경험을 융합하여, 비판적이고 설득력 있는 사고를 할 수 있다.			

생활기록부 작성 사례
소셜 미디어의 특징을 파악하고, 기록의 소환, 알고리즘, 잊혀질 권리 등을 바탕으로 소셜 미디어의 올바른 문화 형성을 위한 약속을 구체적으로 제시함.